FACTUM,

POUR Perrette Goüefmelle, veuve d'Ambroife Belle-barbe, Bourgeois de Paris, & Raymond Loubet, fieur du Terrier, repréfentans Anne Boyard au jour de fon décez, femme de Mathurin de Joüy, intimez & appellans de deux Sentences du Châtelet de Paris du 15 Decembre 1702 & 10 Mars 1704. aux chefs qu'elles leurs font préjudice, & d'une Ordonnance du Sieur Lieutenant Civil audit Châtelet, du 6 Novembre 1694, & demandeurs.

CONTRE René & Urbain de Joüy heritiers beneficiaires dudit deffunt Mathurin de Joüy, Intimez & Appellans defdites Sentences.

Anne le Clerc veuve d'Edme Pellé Secretaire du Roy, appellans de ladite Sentence du 15 Decembre 1702, intimez & deffendeurs.

Claude Nourry intimé, fur l'appel de ladite Ordonnance du fieur Lieutenant Civil.

Charlotte Thiberge veuve de René Coufté & Pierre Girard, appellans de deux Sentences du Châtelet des 23 Aoûft 1073 & 19 Mars 1704, & Deffendeurs.

FAIT.

LA Dame Boyard Damoifelle d'extraction, originaire du Duché de Bar en Loraine, auroit époufé en 1653 Meffire Henry Debault Chambellan de feu fon Alteffe Royale MONSIEUR ; fes parens auroient fait caffer ce mariage le 6 Mars 1654. avec deffenfes de fe plus voir ni fréquenter ; ce qui l'auroit fi peu empêché, que ladite Boyard feroit accouchée d'un garçon le 11 Juillet 1655, lequel ledit Debault auroit fait baptifer le même jour, & leur frequentation auroit continué jufqu'en 1660 qu'il feroit décedé, nonobftant même que fes parens lui euffent fait époufer la Damoifelle Prevoft le 7. Janvier 1659. Cette mort auroit forcé ladite Boyard qui eftoit dans fa plus tendre jeuneffe & fe voyoit chargée d'un enfant adulterin, de fe facrifier audit Mathurin de Joüy premier Commis & Quaiffier du Sieur François du Vau dans fes Charges de Tréforier de la Reine & de Receveur General des Finances de Tours ; que ces intrigueufes de mariage lui avoient fauffement perfuadé eftre d'une famille diftinguée, de laquelle il lui devoit venir de gros biens & poffeder beaucoup de capacité. Il l'auroit époufée le 30 Juillet 1661, & elle lui auroit porté en mariage plus de quatre cens mille livres tant en argent contant, Contrats de conftitution, qu'autres effets réels, fans fes biens en fonds, propres & patrimoniaux, & outre ce par leur Contrat de mariage elle lui auroit fait donnation entre vifs de la fomme de 54000 l. tant fur iceux que fur tous fes autres biens, de tous lefquels elle l'auroit fait ufufruitier. Mais dans la feconde année de fon mariage ayant efté pleinement informée de la baffeffe de l'extraction de fon mary, qu'il eftoit fils du plus miferable Vigneron du Village de Fondette prés dudit Tours, & outre ce chargé de lui & d'Urbain & ledit René de Joüy fes freres, l'avoit envoyé en cette Ville pour trouver à fervir, qu'il l'avoit fait ; & qu'ayant quitté la livrée avoit entré en qualité de petit

A

1.137

Commis du pere dudit Duvau & aprés fa mort eſtoit paſſé au fils & devenu ſon Quaiſſier; que ſeſdits freres Vignerons comme leur pere ſubſiſtoient auſſi pauvrement, accablée de reproches de ſa meſ-alliance & de douleur de ſe voir ex-poſée par icelle à l'impoſition des tailles & ſubſides, comme la derniere des Ro-turieres; elle auroit le 10 Juin 1664 obtenu du Duc de Loraine des Lettres d'annobliſſement de la perſonne dudit de Joüy, non-ſeulement pour eſtre par ce moyen réabilitée; mais par ce qu'elle eſtimoit que la Nobleſſe par Lettres eſtoit glorieuſe, qu'elle rendoit un témoignage d'une excellence particuliere, qu'il étoit plus loüable de donner de l'éclat & du luſtre à ſes deſcendans que de l'obſcurité, qu'un roturier qui épouſoit une Damoiſelle devenoit genereux, que cette conjonction diſpoſoit ſecrettement ſon ame à l'amour des choſes honneſtes, lui don-noit cette excellente impreſſion, tranſmettoit, conduiſoit ſes inclinations & lui faiſoit continuellement reſſentir au fonds du cœur un certain mouvement qui le ſollicitoit & le preſſoit à la gloire & aux belles actions, leſquelles Lettres ayant eſté enregiſtrées en la Chambre des Comptes de Nancy le 28 deſdits mois & an, ils auroient fait des acquiſitions audit pays de Loraine pour plus de quatre-vingt mille livres tant en fonds d'heritages que conſtitutions de rentes d'autre part, elle auroit fait pourvoir ledit de Joüy de la charge de Capitaine de Charrois des Offices & Chambre aux deniers de la Reine, qui rapportoit plus de 3000 l. par an, & ſe feroit par ce moyen rédimée des droits & des impoſts dont ſa meſ-alliance avoit rendu ſes biens & ſa perſonne tributaires, & rendu ledit de Joüy d'honneſte vallet (comme ſes heritiers le qualifient Gentilhomme de Loraine & Officier commenceau de la Maiſon de la Reine.

Et cela fait, l'ayant voulu obliger de quitter ſondit employ de Commis & Quaiſ-ſier dudit Duvau & d'aller reſider en Loraine, il lui auroit fait voir que ce ſe-roit renoncer à l'avantage qu'il avoit & qu'il ne pourroit plus trouver de faire profiter au plus haut prix l'argent qu'elle lui avoit porté ſans le riſquer, d'au-tant que l'uſage eſtoit parmi les Tréſoriers & Receveurs generaux & tous les gens d'affaires d'emprunter ſur des billets & Lettres de change, qu'ils font ti-rer ſur eux par leurs Caiſſiers & Commis, & aprés les avoir acceptées de les leur remettre pour les negocier & faire eſcompter, & de les charger, de les ac-quitter à leurs échéances ſur les fonds de leurs Caiſſes; que ledit Duvau en uſoit comme cela avec lui, qu'ainſi il en eſcompteroit lui-même de leur argent, & s'en rembourſeroit aprés leur échéance ſur les fonds de ſa Caiſſe; que d'au-tre part les Officiers de la Reine qui ſe trouvoient ordinairement preſſez d'ar-gent, viendroient à lui pour qu'il leur avançat celui de leurs gages; qu'il le feroit, prendroit leurs quittances & s'en rembourceroit auſſi ſur les fonds de ſa Caiſſe; qu'il en uſeroit de même avec les Seigneurs & Dames de la Cour qui avoient des penſions ou des Ordonnances de gratification de la Reine & avec les Marchands qui fourniſſoient Sa Majeſté; ce qu'il auroit pratiqué avec tant de ſuccés juſques en l'année 1683. qu'il n'y auroit pas eu d'année qu'il n'eut des preſts par obligations & à titre de conſtitution de rente pour plus de 30000 l. le plus ſouvent juſques à 50000 liv. comme il demeure juſtifié des titres inven-toriés, tant par l'Inventaire fait aprés ſon décez, que par celui qu'il avoit fait faire aprés celui de ſa femme.

Et comme depuis le 1 Janvier juſques & inclus le 1 Aouſt de ladite année 1683, ledit Duvau auroit tiré ſur ledit de Joüy & fait tirer par ledit de Joüy ſur lui pour 653627 l. de Lettres de Change, en auroit receu la Valeur & en avoit lui-même, contre ſon ordinaire, fait eſcompter pour 143916 l. la mort de la Reine eſtant ſurvenuë, & d'autre part ledit de Iouy ayant appris que ledit Duvau avoit vendu ſadite Charge de Receveur general des Finances, qu'il falloit malgré lui qu'il quittât ce titre d'honneſte valet, que ſes heritiers lui donnent; qu'il ne pouvoit plus ſe payer par ſes mains de celles deſdites Lettres de Chan-ge qu'il avoit eſcomptées de ſes deniers, moins encore payer celles qui l'avoient eſté par d'autres, deſquelles il eſtoit tenu comme tireur ou accepteur, il auroit demandé audit Duvau de lui en donner ſon indemnité, lequel à cet effet, au-roit dreſſé un Etat & inventaire de toutes leſdites Lettres de Changes, & mis au bas d'icelui ledit jour 1 Aouſt 1683. ſa reconnoiſſance portant que s'eſtoit à ſa priere & requiſition & pour lui faire plaiſir que ledit de Iouy avoit tiré ſur lui ou accepté leſdites Lettres de Change y mentionnées, montant à 509711 l.

non compris celles renouvellées y distinguées qui montent à 143916 l. dont lui Duvau a en ses mains les recepissez des Banquiers portant promesse de les lui rapporter ou les précedantes écheuës, reconnoissant que la valeur de toutes lesd. Lettres de Change a tourné à son profit & a esté employé à ses affaires, & promet d'en acquiter, garentir & indemniser ledit de Joüy.

Dix jours aprés cette indemnité ledit Duvau & sa femme auroient marié, donné & payé 340000 l. en deniers comptans en mariage à leur fille des sommes par eux receuës desdites Lettres de Change ; ce qui auroit d'autant plus surpris tout le monde qui sçavoit que ladite femme Duvau n'avoit eu que cinquante mille livres en mariage, que les plus indifferens se seroient écriés sur la cherté de l'achapt de cette alliance.

D'abord que ce mariage auroit esté consommé, ledit Duvau & sa femme, pour mieux tromper & frauder leurs creanciers, auroient passé Sentence de separation de biens.

Dans ce même temps les écheances de toutes lesdites Lettres de Change estant expirées, les protestations en auroient esté faites, & ledit de Joüy qui avoit mis celles qu'il avoit escomptées de ses deniers, sous les noms de plusieurs particuliers ses affidés, desquels il avoit pris les déclarations & contre-lettre, comme lesdites Lettres de Change lui appartenoit, qu'ils n'y prétendoit rien & ne faisoit que lui prester leurs noms pour lui faire plaisir, auroit sous iceux obtenu des Sentences de condamnation comme auroient faits les autres porteurs du surplus desdites Lettres de Change, tant contre ledit Duvau que contre lui de Jouy, & toutes ces condamnations ayant esté signifiées audit Duvau, il se seroit absenté & obtenu Arrest du Conseil portant surceance à toutes contraintes contre lui & ledit de Jouy son commis pendant un an; surquoy six des plus acreditez porteurs des plus fortes desdites Lettres de Change ayant formé leurs poursuites extraordinaires contre ledit Duvau, attendu l'évidence de sa fraude & divertissement, il leur auroit proposé de les desinteresser & payer entierement, s'ils vouloient engager les autres à lui faire remise des deux tiers de leur dû, & lui donner du temps pour leur payer le tiers restant ; ce qu'ayant écouté, accepté & promis de faire faire, ledit Duvau auroit esté audit de Joüy le prier de vouloir s'obliger solidairement avec lui envers les porteurs desdites Lettres de Change qu'il avoit tirées & souscrites pour lui, afin que comme ils connoissent tous son opulence, ils condescendissent plus aisément par cette consideration à la remise qu'il leur demandoit desdits deux tiers de leur dû, comme aussi de vouloir payer en entier pour lui lesdits six plus acreditez qui estoient les plus inflexibles, parce que tous les autres les voyant avoir signé au Contrat de remise & datter, moyennant qui lui alloit estre passé, y souscriroit sans repugnance ; que c'estoit une reconnoissance qu'il lui devoit, estant l'autheur de sa fortune & l'ayant faite auprés de lui ; que ce Contrat n'auroit ni de lieu ni d'effet à son égard pour les sommes dont lui Duvau & sa femme lui estoient debiteurs, ni pour celles qu'il payeroit & avanceroit pour eux ; de toutes lesquelles ils lui donneroient conjointement & solidairement toutes les suretés qu'il désireroit ; que d'ailleurs c'estoit un bien pour lui estant tireur ou accepteur de toutes lesdites Lettres de Change, & comme tel condamné solidairement avec lui Duvau au payement d'icelles, dequoi ledit de Jouy estant demeuré d'accord & fait lesdits payemens en entier ausdits six particuliers le 19 Aoust 1684 du matin, ledit Duvau lui auroit écrit que ledit Contrat estoit prest & signé, qu'il ne manquât pas de se rendre chez le Notaire pour le signer. Cela ayant allarmé ledit de Jouy d'autant qu'il n'avoit aucune des suretés que ledit Duvau lui avoit promises, il auroit couru chez un Notaire faire ses protestations contre ledit Contrat au bas de la coppie du projet d'icelui que ledit Duvau lui avoit baillée, & aprés l'avoir esté signer auroit esté à même instant réïterer ses protestations.

Mais le même jour de relevée ledit Duvau auroit au bas de la copie dudit Contrat donné sa reconnoissance audit de Jouy, portant promesse de l'acquitter, garentir & indemniser de l'execution d'icelui, attendu qu'il n'y estoit entré & ne s'y estoit obligé que pour lui à sa priere & pour lui faire plaisir.

Le même jour encore 19 Aoust 1684, lesdits Duvau & sa femme, de lui authorisée, auroit passé un Acte pardevant Notaire, portant qu'ils renonçoient à se servir dudit Contrat, datter moyenant à l'égard dudit de Jouy, prétendre ni demander contre lui aucune remise ni diminution des sommes dont ils lui sont debiteurs, sous prétexte de celle portée par ledit Contrat ; soit pour raison de l'obligation & cautionnement que ledit de Jouy y a contracté pour eux, que pour lesdites Lettres de Change qu'il a escomptées de ses deniers & mises sous des noms particuliers, que pour celles qu'il a à leur priere payées en entier ausdits six particuliers qui en estoient porteurs, afin de les faire signer audit contrat, dont il a les déclarations & subrogations en leur lieu & place ; toutes lesquelles Lettres de Change estant escomptées par ledit de Jouy que par lui payées ausdits six particuliers y dénommez, ledit acte porté monter en principal à 393499 l. & estre comprises dans ledit état & inventaire du 1 Aoust 1683, que pour encore tous les autres presls à eux faits par ledit de Jouy, tant par billets, promesses, obligations, reliquats de comptes, que payemens par lui faits en leur acquit, le total de toutes lesquelles sommes principalles, interests d'icelles, frais & dépens, lesdits Duvau & sa femme s'obligent solidairement de payer audit de Jouy & hypotequent tous & chacuns leurs biens.

Ledit Duvau ne se trouvant pas satisfait d'avoir frustré ses creanciers desdits deux tiers de leur dû, voulant parvenir à leur faire perdre le tout, auroit en 1685, sous le nom du Controleur general des Restes de la Chambre des Comptes & sous le faux prétexte de l'appurement de ceux de ses exercises dont il avoit les acquits en sa possession, fait saisir le prix de ses Charges qu'il avoit venduës & tous ses autres biens & effets qui estoient en évidence & qu'il n'avoit pû ni cacher ni changer de nature.

Ladite Anne Boyard qui avoit une parfaite connoissance que les sommes dont ledit Duvau & sa femme leur estoit débiteurs, montoit à plus de 800000 livres ayant appris que ledit de Jouy leur avoit fait encore de nouveaux prests, & s'estoit obligé pour eux par ledit Contrat envers leurs autres creanciers ; & que pour les tromper comme eux, les empêcher de rien recevoir & leur faire tout perdre, ledit Duvau avoit fait faire ladite saisie au nom dudit Controleur general des Restes ; auroit esté si penetré de chagrin & de douleur, qu'elle en seroit morte le 11 May 1686.

Mais elle n'auroit pas plûtost expiré que ledit de Jouy par dol & fraude, & l'effort du recellé le plus qualifié, *per dolum & fallaciam & fraudandi animo*, auroit ravi & souftrait l'argent monnoyé & non monnoyé, les plus riches meubles & Tapisseries, tous les principaux Titres, Contrats de constitution, Promesses, Obligations, Billets & Lettres de Change, Livres journaux comptez & regres de recette & dépense, & generalement tous les Titres & pieces justificatives de cette grande quantité de sommes deuës à leur Communauté par ledit Duvau & sa femme, desquelles il n'auroit fait aucune déclaration ni mention dans l'Inventaire qu'il auroit fait des effets de leurdite Communauté dans le pernicieux dessein d'en frustrer entierement Nicole Boyard sœur unique heritiere de ladite Anne Boyard sa femme, de laquelle ladite Belle-barbe est creanciere & légataire universelle, & à laquelle Nicole Boyard, la trace & fil du sang, la disposition des Loix de la Coûtume & la Jurisprudence des Arrests les avoient deferez par l'ordre inviolable des successions légitimes, pour faire perfidamment tout passer à sa personne.

Ledit Duvau auroit trouvé le moyen d'amuser ses créanciers depuis ladite année 1686, jusques & inclus 1692 ; en leur faisant accroire qu'il travailloit sans intermission ausdits appurements de sesdits comptes pour ensuite les satisfaire ; & comme ce n'estoit au contraire que pour pouvoir atteindre le septuagenaire auquel il ne seroit pas plûtost parvenu, qu'il leur auroit signifié son Extrait Baptistaire & l'article de l'Ordonnance, & se seroit mocqué d'eux & ris de leur credulité ; ce que voyant, ils auroient fait emprisonner ledit de Jouy le 20 Avril 1693, lequel ne seroit sorti de prison que le 22 Octobre ensuivant de la même année, à la garde d'un Huissier de la Cour.

Ledit de Jouy auroit d'abord esté audit Controleur general des Restes, lequel lui auroit donné son Certificat, portant que ledit Duvau lui avoit fait signifier les Etats finaux des Comptes de ses exercices qui justifient que lesdits Comptes sont entierement appurez ; dequoy il a fait mention sur les Registres du Controle general, & en consequence a donné, comme il donne encore par ledit Certificat,

ficat main-levée de toutes les faisies & oppositions faites à fa requeste, pour raifon des débets & charges defdits comptes.

Au mois de May 1694, les creanciers dudit Duvau auroit prefenté Requeste contre l'Huiffier de la Cour qui avoit ledit de Jouy à fa garde, à ce qu'il fut condamné & par corps de le réintegrer ou leur payer les caufes de fon emprifonnement.

De Jouy auroit baillé Requeste contraire & demandé qu'il plût à la Cour en confequence dudit appurement dont il rapporteroit ledit Certificat, d'ordonner qu'il demeureroit à la garde dudit Huiffier pour faire payer lefdits creanciers de leur dû fur 240000 l. du prix de ladite Charge de Receveur General des Finances; 660000 l. du prix de celle de Secretaire du Roy dudit Duvau eftant és mains des Acquereurs d'icelles, & 85000 l. du prix de la vante d'une maifon dudit Duvau, eftant és mains du Receveur des Confignations; ce que la Cour auroit ordonné par Arreft du 6 dudit mois de May.

Ledit de Jouy s'eftant mis en devoir de fatisfaire audit Arreft, & commencé de pourfuivre vivement ledit Duvau pour le payement du dû defdits creanciers & pour le fien qui eftoit fi fort au deffus, il auroit efté furpris le 9 Aouft de ladite année 1694 d'une mort qu'on dit avoir efté anticipée, & ledit Duvau par un préfage certain fe feroit trouvé au moment d'icelle, chez ledit de Jouy, & quoique fon principal débiteur, fait à fa Requeste appofer le fcellé fur fes effets & proceder lui prefent & affiftant à l'inventaire d'iceux, & fait inventorier lui-même.

1°. Ledit Etat & Inventaire defdites Lettres de Change du 1 Aouft 1683, avec ladite indemnité de lui Duvau au bas d'icelui au profit dudit de Jouy.

2°. La coppie dudit Contrat frauduleux dattermoyement, fait par lui Duvau le 19 Aouft 1684, avec fon indemnité, au profit dudit de Jouy, pour l'obligation qu'il y avoit contractée pour lui.

3°. L'Acte paffé le même jour 19 Aouft 1684, par lui Duvau & fa femme de lui authorifée, portant qu'ils renonçoient à fe fervir dudit Contrat à l'égard dudit de Jouy, prétendre ni demander contre lui aucune remife ni diminution des fommes dont ils lui font débiteurs, fous prétexte de celle portée par ledit Contrat, foit pour raifon de l'obligation qu'il y a contracté pour eux que pour les 393499 l. de Lettres defchange comprifes audit état & inventaire du 1 Aouft 1683, qu'il a efcomptées de fes deniers fous les noms des particuliers y dénommez que payées en entier à leur priere aux porteurs, pour les faire figner audit Contrat, que pour tous les autres prefts qu'il leur a faits & fommes dont ils font débiteurs tant par billets, promeffes, obligations, reliquats de comptes, que payemens qu'ils a faits pour eux & à leur priere, le total des principaux de toutes lefquelles fommes, interefts d'icelles, frais & dépens, ledit Duvau & fa femme s'obligent folidairement de payer audit de Jouy, & hypotequent tous & chacuns leurs biens, meubles & immeubles.

4°. Pour 493619 liv. de fommes par lui Duvau & fa femme deües audit feu de Jouy, par billets, promeffes, obligations, reliquats de comptes, que payemens par lui faits pour eux avant le decés de fa femme, tous lefquels Titres & effets ledit de Jouy avoit fouftrait & recellé lors d'icelui.

5°. Pour 172566 liv. tant par quittances des payemens faits par ledit de Jouy fur les ordres & mandemens dudit Duvau à aucuns des Officiers de la Reine, que tranfports faits par les autres audit de Jouy, de leurs gages & penfions, à les prendre, recevoir & s'en faire rembourfer par ledit Duvau, en confequence des payemens à eux faits par ledit de Jouy de fes deniers, du montant d'iceux, que pour encore 15684 l. payées & avancées par ledit de Jouy pour la dépenfe de la maifon dudit Duvau, depuis le 1 Janvier 1683, jufques & inclus le 1 Avril 1684, tout lefquels Titres & Effets ledit de Jouy avoit pareillement fouftraits & recellez lors du decez de fa femme.

6°. Pour la fomme de 118395 l. defdites Lettres de Change efcomptées par ledit de Jouy, faifant partie des fufdites, montant à 393499 liv. comprifes audit Etat & Inventaire du 1 Aouft 1683, & dans ledit Acte du 19 Aouft 1684, auffi fouftraites par ledit de Jouy, au decez de fa femme, lefquelles il n'avoit pû encore changer de nature, avec les Sentences de condamnation rendeües fur icelles contre lui Duvau, fous les noms de plufieurs particuliers fes affidez, & leurs

B

déclarations & contre-lettres au profit dudit de Jouy, comme lesdites Lettres de Change & Sentences lui appartenoient ; qu'ils ne prétendoient rien en icelles, & ne faisoient que lui prêter leurs noms pour lui faire plaisir ; sçavoir, ledit Pellé pour une desdites Lettres de Change de 7000 l. ledit Cornette, pour deux autres Lettres de Change de 26000 l. ledit Nori pour deux autres Lettres de Change de 12240 l. le sieur Frichet pour une autre Lettre de Change de 10200 l. le sieur Chandré pour une autre Lettre de Change de 5000 liv. le sieur Leblanc pour une autre de 11155 l. la Damoiselle Aimedieu une autre de 20000 l. le sieur de Berthelot deux autres de 18000 l. le sieur de Louvigny un autre de 11000 l. la damoiselle Letaneur un autre de 7800 l.

7°. Pour la somme de 552000 l. de sommes deuës ausdites successions & Communauté par d'autres particuliers, tant par promesses, obligations, lettres & billets de Change, que contrats de constitution de rentes, que ledit de Jouy avoit de même soustrait & recellez au décès de sa femme.

Sur une preuve si parfaite & si authentique d'une quantité si prodigieuse de recellés qui montent à 1346580 liv. en principal ; ladite Belle-barbe auroit formée sa demande en peine de recellé & reddition de compte des Effets de ladite Communauté, contre lesdits heritiers de Jouy, pardevant ledit sieur Lieutenant Civil, & en vertu de sa permission le 24 Mars 1695 fait saisir sur lesdits heritiers, és mains dudit Duvau & sa femme toutes les sommes dont ils estoient debiteurs envers ladite succession & Communauté dudit de Iouy & sa femme, & en celles de ladite veuve Pellé, Nori, Fichet & autres, celles dont ils estoient debiteurs, & les Billets, Lettres de Change, Vaisselle d'argent & autres Effets de ladite Communauté qu'ils avoient en leur possession.

Le 28 dudit mois de Mars 1695, quatre jours aprés, ladite veuve Pellé auroit faussement affirmé qu'elle ne devoit rien ausdites succession & communauté & n'avoit rien en sa possession appartenant à icelle, laquelle affimation elle auroit fait signifier le 9 Avril de ladite année.

Le 24 Novembre de ladite année 1695, & le 2 Janvier 1696, ladite Belle-barbe auroit réïteré ses saisies & empêchemens audit Duvau & sa femme, lesquels au préjudice auroient le 9 dudit mois de Janvier 1696 passé avec lesdits heritiers, un acte qu'ils qualifient de transaction, par lequel ils font réduire par lesdits heritiers lesdits 493619 l. par eux dûs à ladite Communauté, desdits billets, promesses, obligations, reliquats de comptes à 19000 l. & se font décharger de tout le surplus & remettre entre leurs mains tous lesdits titres de créance.

Ladite Belle-barbe ayant esté avertie de cette dépradation, soustraction & dissipation desdits effets, & qu'encore d'autre part lesdits heritiers en avoient pareillement soustraits, dissipez & rendus les Titres de créance aux debiteurs pour plus de 550000 l. en principal, auroit rendu sa plainte, fait informer & obtenu decret contre lesdits heritiers & leur Procureur.

Lesdits heritiers pour arrester le cours de cette poursuite extraordinaire & en éluder l'effet, auroient offert à ladite Belle-barbe de lui tenir compte de toutes les sommes que ledit de Jouy & eux pouvoient avoir receuës des effets de ladite Communauté, même de ceux recellez qui n'avoient pas esté inventoriez par l'inventaire fait en 1686, aprés le decés de ladite Anne Boyard, & qui sont des dattes anterieures à icelui ou de les rapporter tous en nature ; desquelles offres il auroit esté dônné Lettres à ladite Belle-barbe, par Sentence du 22 Aoust 1697, qui auroit condamné lesdits heritiers de lui rendre compte de tous les effets de ladite Communauté, & de rapporter tous les papiers, titres & registres compris dans ledit inventaire fait en 1686, aprés le decés de ladite Anne Boyard, & dans celui de 1694, aprés le decés dudit de Jouy, & tous ceux mentionnés & énoncés dans ladite prétenduë transaction du 9 Janvier 1696, laquelle ne pourroit estre tirée à aucune consequence contre ladite Belle-barbe ; fait deffenses ausdits heritiers de toucher à aucuns des effets de ladite Communauté ; déclare les effets inventoriez sous 24 cottes dudit inventaire de 1694, fait aprés le decés dudit de Jouy, montant en principal à 95000 l. estre recellez, prive lesdits heritiers d'y rien avoir n'y prétendre ; condamne iceux d'en rendre les debiteurs aussi bons & solvables, tant pour les principaux qu'interests qu'ils pouvoient estre au jour du décés de ladite Anne Boyard, & aux dépens envers ladite Belle-barbe.

Lefdits heritiers auroient d'abord appellé de cette Sentence, enfuite renoncé à leur appel, offert de rendre ledit compte, d'y rapporter tous lefdits titres & pieces, & de l'executer dans tout fon contenu, & en confequence ayant prefenté ledit parti & remis icelui és mains du Commiffaire commis, avec une tres-petite partie des titres, pieces & effets de ladite communauté inventoriez par ledit inventaire fait en 1686, aprés le decés de ladite Anne Boyard ; fans y avoir rapporté ni s'eftre chargés en recette de pas un de tous les autres titres & effets recellez, inventoriez par le fecond inventaire fait après le decés dudit de Jouy, en 1694, quoiqu'ils l'euffent offert & qu'ils y euffent efté condamnez par la-dite Sentence, même d'y rapporter & fe charger de toutes les dettes actives, créées par ledit de Jouy à fon profit depuis le jour du decés de fa femme, juf-ques & inclus celui de la cloture de l'inventaire des effets de leur communauté qui n'avoit efté faite que le 25 Novembre 1689, qui eft prés de quatre ans aprés ledit decés ; & que toutes lefdites dettes actives que ledit de Jouy avoit créées à fon profit, pendant ledit temps qu'ils n'avoient ni déclarées ni énoncées dans ledit inventaire, eftoient effets recellez, aufquels fefdits heritiers demeuroient privez de rien avoir ni prétendre, d'autant que l'article 241 de la Couftume de Paris veut qu'il y ait continuation de communauté fi l'inventaire n'eft fait & clos par le furvivant dans trois mois ; la cloture eftant la fin, la conclufion & la perfection de l'œuvre, car autrement ce feroit une attante pour y employer ce qu'on ne pourroit receler comme a fait ledit de Jouy qui a créé & conver-ti en dettes actives, à fon profit, partie de celles par lui recellées de fa Com-munauté, joint à ce que la cloture eftant de l'effence & de la fubftance, ne peut eftre ni fupplée ni differée, eftant le feul & unique acte qui deroge à com-munauté, l'a clos & feparé entierement, puifque fans la cloture un inventaire n'a aucune perfection ni ne contient aucune des parties requifes ; la cloture eftant la plus effentielle comme la plus indifpenfable ; c'eft par elle que les parts & portions font baillées à chacun & que l'on connoift ce qui eft à foy ; c'eft la difpofition de la Couftume : Cette loy vivante & animée qui lie indiftinctement & dont l'on ne peut fe difpenfer de fuivre les regles, les formalitez qu'elle pre-fcrit eftant Droit-Etroit, devant eftre accomplies dans toute leur forme fpe-cifique, nottamment à l'égard de la forme qui donne l'eftre parfait à la chofe, lui communique la vigueur & la force, la rend valable & legitime.

Sur tous lefquels fondemens également invincibles, ladite Belle-barbe & Lou-bet auroient débatu ledit compte & requis que lefdits heritiers fuffent tenus de rapporter & leur communiquer tous lefdits titres & effets recellez, inven-toriez par ledit dernier inventaire, & leur faire recette pure & fimple du mon-tant d'iceux & des interefts auffi-bien que defdites dettes actives créées par ledit feu de Jouy à fon profit, depuis le jour dudit decés de fa femme 11 May 1686, jufques au 25 Novembre 1689 qu'il avoit fait clore ledit inventaire de la commu-nauté, fur lefquels debats la caufe portée à l'Audiance, les parties auroient efté appointées en Droit, écrire & produire ; ce qu'ayant efté fait par ladite Belle-barbe & Loubet, & leurs demandes mifes en état d'eftre jugées, lefdits heri-tiers pour en retarder le jugement, leur auroit objecté que ladite Nicole Boyard qu'ils reprefentent, ayant renoncé à la communauté d'entr'elle & Remi Simoni Sr de Bertraud fon mari, dans laquelle tous les effets de celle de ladite Anne Boyard fa fœur eftoient tombez ; ils n'eftoient pas en droit & ne pouvoient faire aucune pourfuite ni demande d'iceux, quoique cette objection fpecieufe, cette fauffe apparence fe fût confondüe & aneantie d'elle-même, qu'elle eût efté re-jettée & condamnée par ladite Sentence, foit par l'incapacité & deffaut d'in-terefts defdits heritiers ; que quand même par une fuppofition impoffible la re-nonciation de ladite Nicole Boyard, aux effets de la communauté dudit fieur Bertraud fon mari, auroit pû exclure ladite Belle-barbe & Loubet qui la re-prefentent & exercent fes droits de prétendre aucune chofe des effets mobiliers de la fucceffion de ladite Anne Boyard fa fœur, comme lefdits heritiers le fup-pofoit pour éluder leur punition de leur dépradation & diffipation des effets d'i-celle, ou qu'ils n'auroient droit d'en prétendre que moitié ; cette allegation & vifion chimerique de fin de non-recevoir feroit également denuée de prétexte & d'équité, oppofée au bon fens & contre le droit naturel, parce que, ce que Ni-cole Boyard avoit lâché d'une main par cette prétendüe renonciation, elle l'a-

voit repris & se l'estoit appropriée de l'autre par un droit de sang, de succession & d'heredité, & d'une force qui excelloit dans la totalité, suivant la disposition du Titre: *Unde & uxor lib. 6. au Cod.* conceuë en ces termes. *Maritus &*
uxor ab intestato invicem sibi in solidum pro antiquo jure succedant quoties deficis omnis
parentum liberorumve, seu propinquorum legitima vel naturalis successio fisco excluso, qui
est le principe le plus constant & le moins revoqué en doute, soit du Païs Coû-
tumié que de Droit Ecrit, dans lesquels: *Fiscus post omnes,* que dans le fait dont
il s'agissoit, ladite Nicole Boyard, que ladite Belle-barbe & Loubet representent
avoit survêcu Bertraud son mari, qu'il ne s'estoit jamais trouvé ni de ses parens, ni personne capable de recueillir & pretendre à sa succession, qu'elles per-
quisitions & recherches qui en eussent esté faites; qu'il n'y avoit eu que ladite
Nicole Boyard sa femme qui eût pû lui succeder dans ses droits universels. *Ma-*
ritus & uxor ab intestato invicem sibi in solidum succedant fisco excluso. Que de plus ledit feu de Jouy ayant en l'année 1661 épousé ladite Anne Boyard, qualifié icelle de veuve dudit sieur Debault, duquel en effet elle avoit un enfant vivant,
lequel s'estant qualifié par ledit inventaire fait en 1686, de ses effets de son seul
enfant & unique heritier; ladite Nicole Boyard sa sœur n'avoit par conse-
quant pû lors croire d'avoir aucun droit dans cette succession non plus que ledit
Bertraud son mari, lequel estant decedé dans cette ignorance de fait au mois
d'Aoust 1691, ladite Nicole Boyard sa veuve qui ne contoit pas que la succession de ladite Anne Boyard sa sœur, dont la plus grande partie estoit en effets
mobiliers, lui fut écheuë, & par consequent fut tombée dans la Communauté
d'entr'elle & ladite Bertraud, auroit renoncé à ladite Communauté par acte fait
au Greffe dudit Chastelet, le 10 dudit mois d'Aoust 1691, sans connoissance de
cause, sans autre inventaire qu'une saisie de meubles qui avoit esté faite à la
requeste du principal Locataire pour les loyers qui lui estoient dûs & qui furent
à peine suffisans pour le payer; & ladite Nicole Boyard estant decedée au mois
d'Octobre de la même année 1692, après avoir institué ladite Belle-barbe pour
legataire universelle, laquelle estoit d'ailleurs sa creanciere de sommes consi-
derables; & ledit de Jouy estant decedé en 1694, l'état dudit Debault qui se
disoit enfant legitime du premier mariage de ladite Anne Boyard ayant esté
contesté, ladite Belle-barbe y seroit intervenuë, & l'auroit fait declarer enfant
naturel & incapable de toute succession, & qu'ainsi ladite renonciation de ladite Anne Boïard ayant esté faite sur une erreur de fait ne pouvoit estre d'aucune consideration.

Sur tous ces fondemens aussi solides que sensibles, ladite Belle-barbe & Loubet auroient presenté Requeste à ce qu'acte leur fut donné de ce qu'en qualité
de legataires universels & representant ladite Nicole Boïard, ils acceptoient purement & simplement la succession & Communauté dudit feu Bertraud son mari
avec elle, suivant les principes de droit, causes & moyens cy-dessus établis; ce
faisant, que les fins & conclusions par eux prises en l'Instance contre lesdits heritiers, leur fussent adjugées avec dommages, interests & dépens, soit dans les
qualitez qu'ils ont procedé en icelle, que dans celle d'heritiers pures & simples
dudit Bertraud; & quoique cette derniere qualité mît les choses hors de con-
testation, neanmoins ladite Belle-barbe & Loubet pour ne rien negliger de tout
ce qui pouvoit concourir à établir leur droit dans toute certitude & sans re-
tour, au cas que dans la suite des temps, ce qu'il n'y avoit pas lieu de croire,
il parût quelques parens dudit deffunt Bertraud qui voulussent pretendre sa succession & leur opposer une fin de non-recevoir, pour les exclure même de ce
qui leur appartiendroit dans les effets mobiliers de la succession de ladite Anne
Boyard femme dudit de Jouy, à cause de la renonciation qui avoit esté faite par
ladite Nicole Boyard, à la Communauté d'entr'elle & ledit Bertraud son mari,
par les laps du temps qui auroient pû s'écouler jusques alors; ladite Belle-barbe & Loubet auroient en tant que de besoin obtenu en Chancelerie des Lettres
de Recision le 27 May 1702, qui remettent les parties en tel & semblable état
qu'elles estoient auparavant; & comme en qualité d'heritiers purs & simples dudit Bertraud, ils confondoient dans leurs personnes le droit de communs avec
celui d'heritiers; que par ce moyen ils n'en pouvoient demander l'enterinement
avec aucune personne capable d'y deffendre; il leur auroit suffi de les rendre pu-
bliques & connuës, d'une maniere que présupposé que dans la suite il parût quel-
ques-

quelqu'un fe difant parent ou heritier dudit Bertraud, il ne peut leur oppofer la fin de non-recevoir réfultante de dix années du jour de ladite rénonciation : A l'effet de quoi & par furabondance de droit, ils les auroient communiquées aufdits heritiers de Jouy, afin qu'eux ni autres n'en prétendent caufe d'ignorance, & en confequence lefdites Lettres auroient efté entherinées.

Dans ce même temps ladite Belle-barbe & Loubet auroit découvert qu'à la fin du mois d'Aouft de ladite année 1694, ledit Pellé, Cornette, Nori, Frichet, Chandre & les cinq autres par une fraude confertée avec ledit du Vau, fe fuppofant creanciers d'icelui, & dudit feu de Jouy, defdits 128395 l. defdites Lettres de Change, que ledit de Jouy avoit mifes fous leurs noms, dont ils. lui avoient donné leurs déclarations & contre Lettres, comme elles lui appartenoient, qu'ils ni prétendoient rien, & ne faifoit que lui prefter leurs noms pour lui faire plai- fir avoient efté figner un fecond Contrat frauduleux d'attermoyement, que ledit du Vau venoit de faire fabriquer & foufcrire par des Creanciers fuppofés, par lequel il fe faifoit faire remife des deux tiers des fommes principales & interefts dont il fe fuppofoit leur être débiteur, & en outre une diminution de 15000. l. fur les interefts du tiers reftant qui feroit regalé & fupporté par tous les Crean- ciers : Que de plus bien qu'il y eût plus de trois femaines que ledit de Jouy re- pofât dans le filence & les ombres du Tombeau, il paroît par ce Contrat qu'ils avoient efté l'en tirer & rapeller, qu'ils avoient fait paroiftre fon fantofme de- vant eux & le Notaire, devant lequel ils lui avoient donné un fauf conduit de fa perfonne, à condition qu'il agit conjointement avec ledit du Vau pour fe li- berer avec eux, & que dans quatre mois ils fuffent payés de ce qu'ils fuppofoient leur être par lui deû, auffi bien que par ledit du Vau, à l'effet de quoi, ils lui font faire avec le Notaire élection de domicille irrevocable en la maifon dudit du Vau, ce que ce fantofme & cet ombre n'avoit peu figner ayant laiffé fa main dans les cendres du Tombeau.

Que le 14. Juin 1695, ledit du Vau avoit fabriqué un prétendu état de diftri- bution de la fomme de 240000 l. du prix de la vente par lui faite au fieur de Valiere de fadite Charge de Receveur General des Finances de Tours, & em- ploïé dans icelui ladite veuve Pellé, Cernette, Nori, Frichet, Chandre & les autres cinq particuliers, pour le tiers du principal defdites Lettres de Change de 128395 l. que ledit de Jouy avoit mis fous leurs noms & pris leurs déclarations, qu'elles lui appartenoient, qu'ils n'y prétendoient rien & ne faifoient que lui prefter leurs noms pour lui faire plaifir ; lefquelles déclarations, Lettres & con- damnations fur icelles, ledit du Vau avoit fait inventorier lui-même par ledit Inventaire qu'il avoit fait faire des effets dudit de Jouy aprés fon decez, & qu'en- fuite dudit état ladite Pellé & autres particuliers, avoient paffé Acte pardevant le même Notaire, portant qu'ils l'approuvoit & ratifioit, & en confentoit l'execution.

Qu'enfuite de cette ratification & de la gratification que ledit du Vau en au- roit faite aufdits particuliers aufquels l'interêt faifoit tout faire, il leur auroit dit qu'il en avoit une plus forte à leur procurer, en fe mettant eux-mêmes à couvert de toutes les pourfuites & recherches qui pourroient être contre eux faites, pour raifon de la fignature & remife qu'ils lui avoient faite par ledit Contrat de 1694, & de ladite ratification : qui étoit, qu'il alloit faire connoître par de Ferges fon affidé. Ce Notaire qui fait revenir les morts, aufdits heritiers de Jouy, que ladite Belle-barbe & Loubet qui ont formé leur demande contre eux, en peine de recellé, & reddition de compte des effets de ladite commu- neauté, faifi refaifi fur eux, entre les mains de lui du Vau, non feulement fon deu defdites Lettres de Change, mais encore toutes les autres fommes par lui & fa femme deües à icelle, qu'ils alloient non feulement être exclus d'y rien avoir ni prétendre, mais de venir garens de la folvabilité de lui du Vau, tant en principal qu'interefts envers ladite Belle-barbe & Loubet, que s'ils vouloient l'éviter & toucher quelque chofe defdites Lettres, ils n'avoient que la feule voye de s'adreffer à eux, dont lefdites Lettres de Change étoient fous leurs noms ; leur remettre lefdites Declarations & contre-lettres qu'ils avoient don- nées d'icelles audit feu de Jouy, leur donner des Actes par lefquels il les pri- roit & requeroit de continuer à leur prefter leurs noms, faire remife à lui du Vau des deux tiers du montant des principaux & interefts defdites Lettres de

C

Change & de recevoir pour eux le tiers reſtant, la moitié duquel ſeulement ils leurs remettroient, & l'autre leur reſteroit pour leurs ſoins & pour leur preſter leurs noms, à l'effet dequoy il leur délivreroit & metroit auſſi en leurs mains celles deſdites Lettres de Change & Sentences de condamnation qui étoient en leur poſſeſſion, approuveroit & ratifieroit leſdites remiſes qui ſeroient par eux faites, leur donneroient des quittances du total du montant dudit tiers reſtant & des interêts, nonobſtant qu'ils n'en receuſſent que moitié, & s'obligeroient de plus de les acquitter envers & contre tous de toutes demandes, pourſuites & recherches qui pourroient être contre eux faites ; ce que ces gens avides & af-famés auroient auſſi anticipement devoré, que leſdits heritiers l'auroient prompte-ment conſenti, & executé, remis entre leurs mains leurſdites Déclarations & con-tre lettres avec leſdites Lettres de Change.

Enſuite dequoy nonobſtant leſdites ſaiſies faites & réiterées par ladite Belle-barbe, tant és mains dudit du Vau & ſa femme, que deſdites veuve Pellé, Nori, Frichet & autres particuliers preſte noms, ledit du Vau n'auroit pas laiſſé d'en faire venir chez ledit de Forges les uns en perſonne, & de faire paroiſtre d'au-tres particuliers en la place des autres, les uns ſe diſant être en leurs droits, & les autres porteurs de leurs procurations, & de leur faire reconnoiſtre avoir re-ceu dudit de Valiere ſon débiteur deſdits 240000 l. du prix de ſadite Charge de Re-ceveur General des Finances qu'il lui avoit venduë en la preſence & du conſente-ment de lui du Vau, chacun le tiers du montant du principal deſdites Lettres de Change qui étoient ſous leurs noms dont ils le quittoient & lui donnoient en con-ſequence pleine & entiere main-levée des ſaiſies qui avoient eſté faites ſur lui. Du Vau pour le payement du montant du total du principal & interêts deſdites Lettres de Change, tant ſur le prix de ladite Charge, que ſur les autres biens & effets dudit du Vau, leſquelles ils revoquoient & conſentoient être & demeu-rer nulles, & comme non faites ni avenuës, ſe reſervant ſeulement le payement des intereſts du tiers du montant deſdites Lettres de Change dont ils avoient receu le principal, à l'effet duquel leſdites Lettres de Change & Sentences de condamnations renduës ſur icelles avoient reſté entre leurs mains, qui auroient leur pleine & entiere execution, & demeureroient en leur force & hipoteque, ayant eſté ſeulement fait mention ſur icelles par ledit de Forges, de leur conſen-tement du païement à eux fait du montant dudit tiers du principal du contenu en icelles.

Que dans le même temps que ledit de Forges paſſoit leſdites quittances deſdits particuliers du payement du montant dudit tiers deſdites Lettres de Change au profit dudit du Vau, il en paſſoit d'autres ſeparées deſdits heritiers de Jouy, au profit deſdits particuliers, par leſquelles il leur faiſoit reconnoiſtre avoir receu deſdits particuliers le montant dudit tiers qu'ils avoient receu dudit du Vau, dont ils les quittoient & approuvoient les quittances qu'ils en avoient données audit du Vau, & tout ce qu'ils avoient fait pour parvenir à recevoir ledit tiers, & leſdits particuliers de leur part, reconnoiſſoit que leſdits heritiers leur avoit ren-du & remis entre leurs mains les originaux des déclarations & contre-lettres par eux faites au profit dudit feu de Jouy, pour raiſon deſdites Lettres de Change in-ventoriées par ledit Inventaire fait après ſon decez, leſquelles Lettres de Chan-ge & Sentences de condamnations étoient reſtées entre leurs mains à la priere & requiſition deſdits heritiers, pour faire enſorte de recevoir ſous leur nom du-dit du Vau les intereſts dudit tiers deſdites Lettres de Change dont il leur avoit payé le principal, ce qu'ils promettent de faire à condition de n'être tenus, ni ga-rends d'aucun évenement, ni obligés à aucune pourſuite ni diligence telle qu'elle puiſſe être.

Que les quittances données par leſdits heritiers à ladite veuve Pellé, Nori, & Frichet contiennent plus que les autres, ſçavoir celle de ladite veuve Pellé qu'elle a rendu auſdits heritiers trois billets faits par ledit du Vau & ſa femme, au profit dudit feu de Jouy montant à 4000 l. & qu'ils lui ont rendu la reconnoiſ-ſance que ledit feu Pelléſon mari en avoit donné audit feu de Jouy, invento-riée dans ledit Inventaire fait après ſon decez ; celle dudit Nori qu'il a rendu auſdits heritiers deux billets faits par ledit Duvau, ſa femme & leur fils au profit dudit feu de Jouy montant auſſi à 4000 l. & qu'ils lui ont rendu la reconnoiſſan-ce qu'il en avoit donné audit feu de Jouy, inventoriée par ledit Inventaire, comme auffi que lefdits heritiers lui ont pareillement rendu la promeffe de 4080 l. par lui faite au profit dudit feu dé Jouy, inventoriée par ledit Inventaire; celle dudit Fichet, que lefdits heritiers lui ont rendu la promeffe de 1000. livres par lui faite au profit dudit feu de Jouy, auffi inventoriée dans ledit Inventaire.

Et comme l'Edit de 1609. veut que, conformément à l'Ordonnance d'Orleans, il foit extraordinairement procedé contre les débiteurs faifant faillite, en fraude de leurs creanciers, & qu'ils foient punis de mort, comme voleurs & affronteurs publics; & que parce qu'il arrive fouvent que lefdits débiteurs font faillite, en intention d'enrichir leurs enfans & heritiers, & pour couvrir leurs pernicieux deffeins, font des donnations & tranfports de leurs biens à leurfdits enfans & heritiers, ou autres leurs amis, afin de les leur conferver. Déclare telles donations, déclarations & tranfports de biens, meubles ou immeubles faits en fraude des creanciers, directement ou indirectement, nuls & de nul effet & valeur : fait deffenfes à tous Juges d'y avoir égard, & veut que les donataires, ceffionaires & acquereurs foient punis comme complices defdites fraudes : Enfemble ceux qui fe diront contre verité creanciers defdits débiteurs, comme il arrive fouvent par monopoles & intelligences, afin d'induire les vrais creanciers à compofition & remife : Et fait auffi deffenfes à ceux qui font veritablement creanciers, à peine d'eftre déchûs de leurs dettes & actions, & autre plus grande peine s'il y échoit, de faire aucuns accords ni attermoyemens aufdits banqueroutiers & leurs entremetteurs.

Et que l'Ordonnance de 1673 déclare banqueroutiers frauduleux ceux qui auront diverti leurs effets, fuppofé des creanciers, ou déclaré plus qu'il n'eft dû aux veritables : Et veut qu'ils foient pourfuivis extraordinairement & punis de mort; & que ceux qui auront favorifé la banqueroute, en divertiffant les effets, acceptans de tranfports, vantes ou donations fimulées qu'ils fçauront eftre en fraude des creanciers, ou fe déclareront creanciers ne l'eftant pas, ou pour plus grande fomme, que celle qui leur eft dûë, foient condamnez en 1500. liv. d'amende, & au double de ce qu'ils auront diverti, & trop demandé au profit des creanciers.

Et ne pouvant eftre mieux juftifié de l'excés avec lequel lefd. veuves Pellé, Cornette, Nori, Frichet & veuve Chandre eftoient tombez dans tous les cas prohibez par lefdits Edits & Ordonnances, & encouru les peines prefcrites par iceux, qu'il le demeuroit par ledit contrat frauduleux d'attermoyement état de diftribution, actes de ratification & aprobation, & par toutes lefdites quittances & décharges, que lefd. Belbarbe & Loubet avoient efté contraints de recouvrer, faire expedier & compulfer à de tres-gros frais : ils auroient fur des preuves auffi autentiques d'un excés de dol & de fraude fi énormes d'une fpoliation fi effroyable & fi inouie, formé leurs demandes contre lefd. veuves Pellé & Chaudré, ledit Nori, Cornette & heritiers Frichet, à ce qu'ils fuffent condamnez & par corps de leur payer le double du total du principal & interefts defdites Lettres de change, dont ils s'eftoient fauffement dits creanciers dudit du Vau par led. contrat frauduleux de prétendu attermoyement de 1694, & en l'amende de 1500 liv. chacun fuivant l'Ordonnance. Et en outre ladite veuve Pellé, Nori & lefd. heritiers Frichet, de leur payer, fçavoir, ladite Pellé 4000 l. defdits billets faits au profit dud. feu de Jouy par led. du Vau & fa femme, qu'il avoit mis és mains dudit Pellé fon mari, fuivant fadite reconnoiffance, portant promeffe de les lui remettre à fa volonté, ou de lui en payer la valeur : ledit Nori pareille fomme de 4000 l. de deux autres billets dud. du Vau & fa femme au profit dud. de Jouy, qui les lui avoit auffi mis és mains, fuivant fa reconnoiffance portant pareille promeffe de les lui rendre à fa volonté, ou lui en payer la valeur : plus la fomme de 1568 l. 5 f. de la valeur de la vaiffelle d'argent, que led. de Jouy lui avoit auffi mis entre fes mains, fuivant fon autre reconnoiffance portant promeffe de la lui remettre à fa premiere réquifition : Plus de la fomme de 950 liv. d'une obligation que ledit feu de Jouy lui avoit auffi remife, fuivant encore fon autre reconnoiffance portant promeffe de la remettre audit de Jouy à fa premiere requifition : Plus la fomme de 4080 l. par lui dûë aud. feu de Jouy, fuivant fon autre reconnoiffance portant promeffe de la lui payer à fa volonté : Lefd. heritiers Frichet la fomme de 1000 l. contenuë en la promeffe par lui faite aud. feu de Jouy payable à fa volonté, & chacun en ce qui les concerne à leur payer les interests defd. fommes du jour de ladite faifie faite en leurs mains le 24 Mars 1695, & en leurs dommages & interefts folidairement avec lefdits heritiers de Jouy.

Sur ces demandes, lefd. veuves Pellé & Chaudré, & lefd. Cornette, Nori & heritiers Frichet auroient formé les leurs, contre lefdits heritiers de Jouy, à ce qu'en cas qu'il fut difficulté, de les décharger de celles de ladite Bellebarbe & Loubet, que lefdits heritiers fuffent condamnez & par corps, ou en tout cas par les mêmes voyes qu'ils le pourront eftre, de les acquiter, garentir & indemnifer des condamnations qui interviendront contre eux en principal, interefts, frais & dépens, tant en demandant, deffendant, que de la fommation.

Par Sentence du 24 May 1701, lefd. demandes & deffenfes auroient efté jointes à ladite inftance de compte rendu à ladite Bellebarbe & Loubet par lefdits heritiers de Jouy, fauf à disjoindre.

En confequence les parties ayant refpectivement écrit & produit le 15. Decembre 1702, feroit intervenu la Sentence dont eft appel : PORTANT *que ladite inftance d'entre les parties appointée par ladite Sentence du 24. May précedent, demeurera disjointe de ladite inftance principale de compte : Et faifant droit fur leurs demandes & contestations, en l'incident en question, qu'en confequence de la faifie faite és mains de ladite veuve Pellé le 24 Mars 1695, de tous & chacuns les effets, billets, contre-lettres, & autres chofes qu'elle pouvoit avoir en fa poffeffion appartenant à la fucceffion & communauté dudit de Jouy & fa femme, & de fon affirmation du 28 dudit mois & an ; qu'elle ne devoit aucune chofe au jour de ladite faifie aux heritiers & fucceffion dudit de Jouy ; depuis laquelle affirmation elle a neanmoins receu & touché 3437 l. 7 f. 10 d. des effets dudit du Vau, fuivant les quittances du 20 Septembre 1695, 22 Mars & 22 Septembre 1697 produites au procez, & rendu aufdits heritiers de Jouy au préjudice de ladite faifie, trois billets dûs & faits au profit dudit Mathurin de Jouy, montant à la fomme de 4000 l. ladite veuve Pellé eft condamnée de rendre & de reftituer à ladite Bellebarbe & Loubet la fufdite fomme de 3437 l. 7 f. 10 d. avec les interefts d'icelle dudit jour 24 Mars 1695, que ladite faifie a efté faite en fes mains ; comme auffi de rapporter & reprefenter dans huitaine à lad. Bellebarbe & Loubet, lefdits trois billets montant à 4000 l. dûs par ledit du Vau & fa femme, & de rendre les débiteurs auffi folvables, qu'ils pouvoient eftre lors de ladite faifie ; & faute de ce faire dans ledit temps icelui paffé, d'en payer la valeur à ladite Bellebarbe & Loubet, avec les interefts du jour de ladite faifie, & ce par forme de dommages & interefts : & en confequence de la fommation & dénonciation faite par ladite veuve Pellé contre lefdits heritiers de Jouy, aufquels elle prétend avoir rendu & reftitué ladite fomme & remis lefdits billets, ils font condamnez de l'acquiter des fufdites condamnations, fuivant qu'ils s'y font foûmis par leurs quittances : Et en ce qui concerne les autres demandes faites par ladite Bellebarbe & Loubet contre lefd. Cornette & veuve Chaudré, afin de reftitution des fommes par eux receuës, baillées & renduës aufdits heritiers de Jouy : Ils font déchargez defdites demandes, attendu qu'il n'avoit efté fait aucune faifie entre leurs mains, & en confequence les parties mifes hors de Cour fur la demande contre ladite veuve Chaudré, dépens entre-eux compenfez : Et neanmoins lefdits heritiers condamnez de rendre & rapporter au profit de ladite Bellebarbe & Loubet les fommes par eux touchées defd. Cornette & Chaudré, fans que lefdits heritiers, és qualitez qu'ils procedent, puiffent prétendre aucune part & portion dans lefdites fommes, qu'ils font condamnez de rapporter, eftant de dattes anterieures au decés de ladite Anne Boyard, & comme tels jugez effets recellez, n'ayant efté compris dans l'Inventaire fait en 1686. après le decés de ladite Anne Boyard, & fans auffi que cette condamnation puiffe nuire ni préjudicier à la reftitution en entier au profit de ladite Bellebarbe & Loubet, à caufe de la prétendue remife des deux tiers au total du principal & interefts defdits effets portée par les prétendus contrats d'attermoyement faits avec lefdits du Vau & fa femme, & fauf à eux à fe pourvoir, tant contre lefdits heritiers de Jouy, que contre lefdits du Vau & fa femme, ainfi qu'ils aviferont ; condamne ladite veuve Pellé en tous les dépens envers ladite Bellebarbe & Loubet, mefme en ceux de la vifitation, & couft de ladite Sentence, & ladite Bellebarbe & Loubet en ceux faits par ledit Cornette & Chaudré feulement, & lefdits heritiers de Jouy en tous les dépens contre eux faits pour raifon dudit incident par ladite Bellebarbe & Loubet, fans que pour raifon de ladite condamnation ladite Bellebarbe & Loubet foient tenus de contribuer aux frais de la vifitation & expedition de ladite Sentence, comme encore condamne lefdits heritiers d'acquiter ladite veuve Pellé de ceux qu'elle a efté cy-deffus condamnée.*

Cette

Cette Sentence n'auroit pas esté plûtost renduë que ladite Belle - barbe & Loubet auroit encore découvert qu'il avoit esté fabriqué le 27 Decembre 1699 un pretendu état de distribution de ladite somme de 85000 l. qui est aux Consignations, provenant de ladite maison venduë par ledit Duvau , & que ladite veuve Couste & ledit Girard estoient employez dans icelui comme estant aux droits desdites veuves Pellé , Chandre, Cornette, Nori & Frichet, pour estre payez des interests dudit tiers du principal desdites Lettres de Change qui estoit sous leurs noms. Ladite Belle-barbe & Loubet auroient formé leur demande contre ladite veuve Couste & Girard, à ce que les prétendus transports qu'ils disoient leur avoir esté faits par lesdits particuliers des interests du tiers desdites Lettres de Change, fussent declarez nuls & frauduleux avec ledit pretendu état de distribution, & tous actes approbatifs d'iceux, & que lesdites Sentences du 22 Aoust 1697 & 15 Decembre precedant 1702, qui ont declaré lesdites Lettres de Change mises sous les noms desdits particuliers par ledit feu de Jouy , estre effets par lui recellez de sadite communauté, & adjugé à ladite Belle - barbe & Loubet les sommes y contenuës & interests d'icelles, fussent executées; & qu'en consequence les sommes pour lesquelles lesdits Couste & Girard s'estoient fait employer dans ledit état fussent payées & delivrées à ladite Belle - barbe & Loubet en deduction de leur dû ; *à ce faire ledit Receveur des Consignations contraint , ce qui auroit esté ainsi ordonné par deux Sentences des 23 Aoust 1703 & 19 Mars 1704.*

Ladite veuve Couste & Girard ont appellé desdites Sentences, aux risques , perils & fortunes de ladite veuve Pellé , Nori , Cornette & desdits heritiers de Joüy , & demande qu'ils soient condamnés à leur faire valoir les transports qu'ils leur ont faits desdits interests, faute de ce leur rendre les sommes y portées qu'ils ont receu d'eux, pour celles y contenuës, qu'ils ont faussement affirmé par lesdits transports leur estre dûës par ledit Duvau & succession dudit de Jouy , & de les acquiter, garentir & indemniser de toutes les condamnations qui pourront intervenir contr'eux au profit de ladite Belle-barbe & Loubet , tant en principaux , qu'interests, frais & dépens, & en tous leurs dépens.

Le 10 Mars 1704, seroit intervenuë Sentence diffinitive sur ladite Instance principale de compte , qui ordonne la reformation d'icelui , & que lesdits heritiers feront recette pure & simple à ladite Belle-barbe & Loubet de la somme de 89000 liv. en principal & des interests d'icelle, dont ils faisoient reprise ; declare pour 492000 liv. en principal d'autres sommes dûës par ledit Duvau & sa femme & plusieurs autres particuliers à ladite Communauté , estre effets réelle d'icelle par ledit feu de Joüy , & s'estre trouvés de dattes anterieures au décès de sa femme , privé sesdits heritiers d'y rien avoir ni prétendre , les condamne d en rendre les debiteurs aussi bons & solvables qu'ils pouvoient estre lors du décès d'icelle , tant pour les principaux , qu'interests , & de rapporter & representer tous les titres de creance par eux indûëment remis, tant audit Duvau & sa femme qu'à tous les autres debiteurs de ladite Communauté , declare de plus que la promesse de 2000 liv. du 18 Septembre 1684, faite par ledit Duvau au profit dudit de Jouy , & par lui transporté à Jacques Colombier, depuis le décès de sa femme , non comprise dans l'inventaire des effets de leur Communauté qu'il avoit fait faire après le décès d'icelle , ni même dans celui fait après son décès & produite par ledit Colombier dans ladite Instance de compte , estre aussi autre effet recellé par ledit feu de Joüy & appartenir à ladite Belle barbe & Loubet auquelle elle sera remise par ledit Colombier pour en poursuivre le recouvrement , & lesdits heritiers de Jouy tenus de rendre le debiteur d'icelle aussi solvable qu'il estoit lors du décès de ladite femme de Joüy , & les condamne aux épices, frais & coût de ladite Sentence & aux dépens.

Aprés avoir par lesdits heritiers dix fois judiciairement acquiescé à ladite Sentence & requis l'execution d'icelle, ils en auroient ensuite appellé pour l'empêcher. Le procez conclud & mis en son état d'estre jugé de la part de ladite Belle-barbe & Loubet, même sur l'appel qu'ils ont esté contraints d'interjetter d'icelle de leur part, aux chefs qui leur sont préjudice; il auroit esté rendu Arrest le 13 Février 1706 , qui leur auroit adjugé 4000 liv. de provisions à prendre sur les débiteurs & locataires desdites successions & Communauté , & ordonné qu'à leur poursuite & diligence il seroit pris sur les mêmes deniers & apporté és mains de François Hurté Receveur des Vaccations & Epices de la Cour , la somme de 2000 liv. pour estre employée aux Vaccations & jugement du pro-

D

cés d'entre les parties, & qu'au payement defdites deux fommes lefdits debiteurs feroient contraints.

En vertu de cette Arreft ladite Belle-barbe & Loubet auroient fait faire commendement audit Jacques Colombier debiteur defdites fucceffions & Communauté entr'autres fommes, de celle de 1345 livres de la remettre és mains dudit Hurté conformément à icelui, & en celles de ladite Belle-barbe & Loubet, ladite promeffe de 2000 liv. pour en pourfuivre le recouvrement, fur fon refus réïteré il auroit efté procedé par faifie & execution de fes meubles & établiffement *de garnifon faute de donner gardien.* Ce que voyant ledit Colombier auroit offert de payer entre les mains dudit Hurté 672 liv. faifant moitié defdits 1345 l. portée par ladite Sentence de compte du 10 Mars 1704, & de dépofer chez tel Notaire, qu'il plairoit à la Cour, ladite promeffe de 2000 liv. pour en eftre délivré des expeditions aux parties à l'effet de faire par ladite Belle-barbe & Loubet le recouvrement defdits 2000 liv. & ledit Colombier pour fuivre le payement de cette même fomme, contre la fucceffion & heritiers dudit de Joüy, & fur ces offres feroit intervenu Arreft fur appointé à mettre le 29 Mars de ladite année 1706, *qui condamne ledit Colombier fuivant fes offres de porter & mettre és mains dudit Hurté, lefdits 672 liv. faifant moitié defdits 1345 liv. portés par ladite Sentence du 10 Mars 1704, pour eftre employée au jugement du Procés dont eft queftion, à quoy faire contraint, comme auffi de dépofer és mains d'André Valet Notaire, la promeffe de deux mille livres faite par ledit Duvau au profit dudit feu de Joüy le 18 Septembre 1684, au dos de laquelle eft une reconnoiffance dudit de Joüy de devoir pareille fomme audit Colombier en datte du 5 Juillet 1694, pour ladite promeffe mife par ledit Valet Notaire parmi fes minutes, en eftre par lui délivré des Expeditions, fçavoir de ladite promeffe à ladite Belle-barbe & Loubet & de ladite reconnoiffance eftant au dos, audit Colombier; à l'effet de fe pourvoir par lefdits Belle-barbe, Loubet & Colombier, ainfi qu'ils aviferont bon eftre, & après payement fait par ledit Colombier de ladite fomme de 672 liv. és mains dudit Hurté & remife de ladite promeffe és mains dudit Valet Notaire, fait main-levée audit Colombier defdites faifies, execution & établiffement de garnifon, le gardien déchargé, dépens entre les parties compenfez; feront neanmoins ladite Belle-barbe & Loubet rembourfez de ceux par eux faits, & des Epices & coût dudit Arreft, comme frais & mifes d'execution fur les biens de la fucceffion dudit feu de Jouy.*

Le 14 Avril enfuivant de ladite année 1706, ledit Colombier auroit porté & mis és mains dudit Hurté lefdits 672 liv. & en celles dudit Valet Notaire ladite promeffe qui auroit efté mife au rang de fes minutes & par lui délivré à ladite Belle-barbe & Loubet; Expedition d'icelle, lefquels en confequence & des faifies faites par ledit Colombier, comme prétendu ceffionnaire de ladite promeffe, en vertu de l'Ordonnance de Monfieur le Lieutenant Civil du 17 Decembre 1695, és mains de ladite veuve Pellé, Cornette & Nori debiteurs de la fucceffion dudit de Jouy & détempteurs des effects d'icelle, le 4 Janvier 1696, fur lefquelles il avoit efté fait plufieurs procedures, ont formé autre demande contre lefdites veuve Pellé, Cornette, Nori & heritiers de Joüy; à ce qu'en procedant au jugement du procés & Inftances d'entre les parties fur les appellations interjetées de ladite Sentence du 15 Decembre 1702, & adjugeant à ladite Belle-barbe & Loubet les conclufions qu'ils y ont prifes, lefdites faifies faites à la requefte dudit Colombier, és mains de ladite Pellé, Cornette & Nori, feroient declarées bonnes & valables, & pour avoir par eux au préjudice d'icelles, vuidé leurs mains en celles des heritiers de Jouy, qu'ils feroient condamnez folidairement avec eux de payer à ladite Belle-barbe & Loubet ladite fomme de 2000 l. contenuë en ladite promeffe avec les interefts du jour du decés dudit de Jouy jufques à l'actuelle payement & aux frais defdites faifies & Arrefts & aux dépens de ladite demande.

Ladite Belle-barbe & Loubet ayant en vertu dudit Arreft du 13 Février 1706 fait faire commandement audit Nori debiteur perfonnel de la fucceffion dudit de Jouy de 4080 liv. & détempteur & dépofitaire même de Juftice defdits 11240 l. defdites Lettres de Change, 4000 liv. de Billets, d'une obligation de 950 liv. & de 1568 l. 5f. de vaiffelle d'argent appartenant aufdites fucceffions & communauté, d'apporter & mettre és mains dudit Hurté les 1328 liv. reftans à lui remettre pour parfaire ladite fomme de 20000 liv. & de payer à ladite Belle-barbe & Loubet lefdits 4000 liv. de provifion à eux adjugée; il fe feroit oppofé

audit commandement, & objecté qu'il avoit remis ladite Vaiffelle d'argent en-
confequence de ladite Ordonnance de Monfieur le Lieutenant Civil du 6 Nov.
1694, inferée dans le procez verbal d'appofition & levée des fcellez appofez
fur les effets dudit de Jouy aprés fon decez ; ce qui auroit obligé ladite Bellebarbe & Loubet d'appeller de ladite Ordonnance.

Moyens de ladite Belle-barbe & Loubet contre le jugé de ladite Sentence du 15 Decembre 1702.

Le premier, que lefdites veuve Pellé, Chandre, Cornette, Nori & Frichet
s'eftant fauffement dits creanciers dudit Duvau & dudit feu de Jouy par ledit
Contrat frauduleux de 1694, du total defdites Lettres de Change & interefts
d'icelles, au préjudice de leurs déclarations & contre-lettres, qu'ils n'avoient
ni ne prétendoient rien en icelles, & ne faifoient que prefter leurs noms audit
feu de Jouy auquel elles appartenoient pour lui faire plaifir, dans le pernicieux
deffein d'induire par cette fourberie, étudiée & concertée, les veritables creanciers dudit Duvau à une perte réelle & effective de plus des deux tiers de leur
dû, & fruftrer entierement ladite Belle-barbe & Loubet de tout le leur ; ils
ont dû eftre condamnez de leur payer le double des total defdites Lettres de
Change & interefts d'icelles.

Cette condamnation eftant toute écrite par l'Ordonnance qui n'a laiffé aux
Juges dont eft appel, que le devoir de faire executer les peines qu'elle prefcrit ;
& par la contravention effroyable qu'ils ont faite à fa difpofition, ils ont fait
de l'impunité du dol & de la fraude les plus énormes & des parjures les plus
effroyables, un motif pour continuer de les commettre.

Le fecond, qu'il ne faut que la prohibition de l'Ordonnance que les creanciers hypotequaires puiffent eftre tenus ni obligez d'entrer en aucune remife,
compofition, ni altermoyement, pour avoir dû condamner ladite Pellé, Chandre, Cornette, Nori & heritiers Frichet de payer à ladite Belle-barbe & Loubet ; celle qu'ils ont faite de plus de deux tiers du montant defdites Lettres de
Change & interefts fans aucun droit, pouvoir, ni prétexte, veu non-feulement
qu'il y avoit de condamnations & acquieffemens à icelles fur toutes lefdites Lettres de Change dés l'année 1683, contre ledit Duvau qui paffoient en force de
chofe jugée, mais encore que ledit Duvau & fa femme s'eftoient folidairement
obligez envers ledit de Jouy de lui en faire le payement en entier, & des interefts, frais & dépens, par ledit Acte du 19 Aouft 1684, & hipoteque à icelui
tous leurs biens à quoi il eftoit impoffible de déroger, puifque ledit de Jouy ne
l'auroit pas pû lui-même depuis la mort de fa femme ; & à plus forte raifon ces
gens avides & affamez fe rendre les difpenfateurs du bien d'autrui, faire des
largeffes & liberalitez immenfes des deux tiers pour en partager le tiers reftant.

Le troifiéme, que ni ladite Pellé, cette double parjure, ni les quatre autres
affamez, n'ignoroient pas ni la qualité ni les droits de ladite Belle-barbe qui
leur eftoient fi pleinement connus par lefdites faifies faites entre leurs mains à
leur requefte, que par les Monitoires publics & fulminez dans toutes les Egli-
fes, affichez dans tous les Carefours & Places, & à leurs portes.

Le quatriéme, eft ce double excez de dol, de fraude & de mauvaife foy d'a-
voir en recevant le principal du tiers du montant defdites Lettres de Change,
fait main-levée des faifies faites pour le payement du total d'icelles & interefts
tant fur le prix de ladite Charge venduë à de Valiere, que fur tous les autres
biens & effets dudit Duvau, lequel les a dés l'inftant mis à couvert & tout chan-
gé de nature & mis hors d'état ladite Belle-barbe & Loubet, de pouvoir avoir
aucun recours que contr'eux.

Le cinquiéme, que perfonne n'ignore que les heritiers beneficiaires ne font
qu'Adminiftrateurs, Gardiens & dépofitaires des effets des fucceffions & communautez, qu'ils ne peuvent & ne leur eft pas permis fous quelque prétexte que
ce foit de les fouftraire d'en compofer, faire de remife, ni diminution, rendre
ni remettre les titres de créance aux debiteurs ; eftant tenus & par corps d'en
rendre compte, les reprefenter & communiquer aux coheritiers, légataires &
creanciers des fucceffions & communautez, fans pouvoir même prétendre d'en

eftre faifis, ni s'ingerer en aucune geftion, recette, ni maniment d'iceux qu'il n'ait au préalable donné bonne & fuffifante caution ; ce que lefdits heritiers n'ont jamais pû faire ni en trouver aucune, joint à ce que quand ils n'auroient pas efté privés de rien avoir ni prétendre au dû defdites Lettres de Change par la peine du recellé ; que ledit de Jouy ne les eût pas fouftraites au decés de fa femme ; qu'il en eût au contraire fait une déclaration fidele & exacte d'icelles par l'inventaire fait après le decez de fa femme, des effets de ladite Communauté, lefdits heritiers ne pouvoient ni en compofer ni en faire aucune remife, fans la participation & confentement de ladite Belle-barbe & Loubet, & conjointement avec eux ; non-feulement par rapport à la moitié à eux afferante, mais encore attendu leur hypoteque & privilege exclufif fur l'autre moitié du jour du contrat de mariage de ladite Anne Boyard ; & à plus forte raifon, puifqu'ils n'y avoient & n'y pouvoient rien avoir ni prétendre par la peine de recellé.

Le fixiéme, que lefdits particuliers non contens de s'eftre interpofez preftent leurs noms & leur miniftere audit feu de Jouy dans les fouftractions & recellez defdites Lettres de Change, pour les faire paffer en fa perfonne & en fruftrer les heritiers de fa femme ; ils fe font depuis fa mort de nouveau interpofez & ont, pour affouvir leur cupidité, fuggeré & provoqué fefdits heritiers de fouftraire lefdites Lettres de Change, fe font rendus les recelateurs de la fouftraction qu'ils leur ont fait commettre d'icelles, & leur ont extorqué les déclarations & contre-lettres par eux données audit feu de Jouy, comme lefdites Lettres de Change lui appartenoit, qu'ils ni avoient ni prétendoient rien, & ne faifoient que lui prefter leurs noms pour lui faire plaifir.

Le feptiéme, que par ladite Sentence à l'égard des 4000 liv. des billets dûs par ledit Duvau & fa femme ; lefdits Juges condamnent ladite veuve Pellé de les rapporter & reprefenter dans huitaine à ladite Belle-barbe & Loubet, & faute de ce de leur en payer la valeur avec les interefts ; qu'ainfi par le même principe & fur le même fondement, ils ont dû la condamner, & les quatre autres de rapporter & remettre à ladite Belle-barbe & Loubet lefdites Lettres de Changes, puifqu'ils difent que les condamnations qu'ils prononcent à leur profit ne leur pourront nuire ni préjudicier à la reftitution en entier à caufe de ladite prétenduë remife des deux tiers au total du principal & interefts defdites Lettres de Change, portée par les prétendus contrats d'attermoyement faits avec ledit Duvau, contre lequel & lefdits heritiers, ladite Belle-barbe & Loubet fe pourvoiront ; & qu'il leur eft impoffible de le pouvoir faire fans avoir en leur poffeffion lefdites Lettres de Change & Sentences de condamnation fur icelles.

Le huitiéme, que c'eft avoir forcé les Loix, l'ordre & les regles les plus immuables, fermé les yeux à la lumiere, authorifé & donné l'impunité au dol & à la fraude les plus énormes d'avoir déchargé ledit Cornette & ladite veuve Chaudre avec dépens, des demandes de ladite Belle-barbe & Loubet, & de la reftitution des fommes par eux reccuës du tiers defdites Lettres de Change ; enfemble de la prétenduë remife qu'ils difent en avoir faite aufdits heritiers, fous le faux prétexte que ladite Belle-barbe & Loubet n'avoient fait aucune faifie entre leurs mains ; d'autant que pour leur imputer ce deffaut, il auroit fallu qu'ils fuffent fcrutateurs des cœurs, qu'ils euffent pû voir qu'il eftoit écrit & imprimé dans la baffeffe de ceux defdits Cornette & veuve Chaudre, la trahifon de leur confcience, & eu un pouvoir plus fort que celui du droit des gens & de toutes les Loix non-feulement naturelles mais de la Divine, ou qu'ils euffent eu le don de fçavoir ou pouvoir deviner que des gens qui n'ont ni ne peuvent jamais avoir ni droit ni prétention dans les effects des fucceffions & communautez, les iroient envahir & enlever, fe les approprier, en difpofer & en fruftrer ceux à qui ils appartiennent. C'eft ce que ladite Belle-barbe & Loubet n'ont ni pû prévoir ni imaginer, & confequemment s'ils ont manqué de faire des faifies és mains dudit Cornette & de ladite Chaudre pour arrefter l'égarement de leur conduite & la fureur de leur avidité ; ils ont manqué encore plus fort de ne l'avoir fait en celle de tout le genre humain.

Le neuviéme, que les faifies faites par ladite Belle-barbe & Loubet és mains de ladite Pellé, Frichet & Nori, n'ont pas pû fervir de prétexte à ladite décharge defdits Cornette & veuve Chaudre, d'autant qu'elles eftoient d'une neceffité indifpenfable, puifqu'ils eftoient débiteurs perfonnels de ladite commu-

nauté, gardiens & dépositaires de plus de 50000 liv. de dû ou effets d'icelle ;
même par ordre de Justice ; notamment ledit Nori, & que d'ailleurs si ladite Bellebarbe & Loubet avoient fait des saisies és mains dudit Cornette & veuve
Chandre, qui n'avoient rien en leur possession & dont les déclarations & contre-lettres desdites Lettres de Change mises sous leurs noms, s'estoient trouvées;
& avoient esté inventoriées avec icelles par ledit inventaire fait après le decés
dudit de Jouy & baillées par icelui à la garde de l'un desdits heritiers & dudit
Colombier chargez d'icelles comme dépositaires de Justice, les Juges dont est
appel auroient condamné les saisies que ladite Bellebarbe & Loubet auroient
fait en leurs mains au préjudice de ce, comme la plus effroyable vexation, cassé
& anullé icelles ; & pour avoir par les Juges dont est appel, prononcé une condamnation de dépens contre les appellans, faute desdites saisies, c'est avoir étouf-
fé la verité, subversé l'ordre judiciel & toutes les regles établies pour donner
une pleine sureté aux heritiers légataires & creanciers des successions, ou avoir
crû, qu'il y avoit des Loix & des Regles particulieres pour ladite Pellé, Chandre, Cornette, Nori & Frichet qui renversoient toutes les Ordonnances & l'ordre universel, dérogeoient à tous les principes, leur donnoient le pouvoir & la
licence de spolier & piller les successions, s'en dire faussement creanciers, frustrer les veritables creanciers, légataires & heritiers, faire & réïterer toute sor-
tes de parjures traites & conventions illicites, piller & voler impunement.

Le dixiéme, que lesdits heritiers ayant offert à ladite Bellebarbe & Loubet
de leur tenir compte de tous lesdits effets recellez, ou de les rapporter tous en
nature ; & lesdits Juges leur en ayant donné Lettres, ils n'ont pû ni dû se dispenser en condamnant lesdits heritiers de rapporter à leur profit toutes les sommes par eux receuës de ladite Pellé, Chandre, Cornette, Nori & Frichet, de
les condamner & par corps, solidairement avec eux, à leur payer tout le surplus du montant desdites Lettres & interests, & tous conjointement de leur remettre entre les mains lesdites Lettres de Change & Sentences de condamnations rendûës sur icelles, poursuites & procedures.

Moyens de ladite Belle-barbe & Loubet contre les appellations desdits Girard &
veuve Couste, desdites Sentences des 23 Aoust 1703, & 19 Mars 1704;
qui établissent ceux des demandes incidentes contre-eux formées.

1°. Ladite Belle-barbe & Loubet ont justifié dans l'Instance, que ledit Girard & ledit feu Cousté estoient affidez & entierement dévoüez audit feu de
Jouy, & du nombre de ceux qu'il avoit interposez & choisis pour mettre & faire
passer sous leur nom les Lettres & Billets de Change & autres effets par lui
souftraits & recellés de sa Communauté, & que sesdits heritiers depuis son décez avoient fait une convention avec eux, qu'ils leur presteroient leurs noms &
accepteroient tous les transports & déclarations qu'ils feroient faire sous iceux,
dont ils leur donneroient leurs déclarations & contre-lettres, recevroient toutes les sommes qu'il y auroit à recevoir, en donneroient toutes les quittances
& décharges, en feroient toutes les remises & diminutions qu'ils leur prescriroient,
en feroient de nouveaux transports & déclarations sous tels noms & à telles personnes qu'ils voudroient & leur nommeroient, & qu'en ce faisant ils auroient pour
eux, le tiers du montant de toutes les sommes principales & interests, que lesdits
heritiers feroient passer & mettre sous leurs noms, & d'iceux sous d'autres.

2°. Que lesdits Cousté & Girard estoient pleinement informez & avoient une
parfaite connoissance ; que ladite Pellé, Nori & Cornette n'avoient rien à avoir
ni prétendre dans lesdites Lettres de Change; qu'elles appartenoient au contraire à ladite Communauté dudit de Jouy qui les avoit souftraites & recellées d'i-
celle, lors du deces de sa femme, qu'ils lui avoient donné des déclarations &
contre-lettres, des transports qu'il avoit fait passer d'icelles sous leurs noms, portant qu'ils ne prétendoient rien en iceux, non plus qu'ausdites Lettres de Change, & qu'ils ne les avoient acceptés qu'à sa priere pour lui faire plaisir & lui
prester leurs noms, que lesdites déclarations s'estoient trouvées & avoient esté
inventoriées par l'Inventaire fait après le decez dudit de Jouy, avec les recon-

E

noiffances dudit feu Pellé & dudit Nori, portant que depuis icelles ledit de
Jouy avoit mis és mains dudit Pellé ladite Lettre de Change de 7000 livres &
4000 liv. de billets, & en celles dudit Nori les deux de 11240 liv. & 4000 liv.
de billets; lefquelles Lettres de Change & Billets ils s'obligeoient de lui remettre
à fa volonté ou de lui en payer la valeur; qu'ainfi lefdites veuve Pellé, Cornette & Nori, lequel eftoit même dépofitaire de Juftice, n'avoient aucun droit,
pouvoir ni capacité de leur tranfporter ce qui n'eftoit pas à eux, & qui eftoit
faifi & refaifi en leurs mains comme dépofitaires & détempteurs, & en celles dudit Duvau & fa femme debiteurs defdites Lettres & Billets à la Requefte de ladite Belle-barbe & Loubet, & encore à la Requefte dudit Colombier.

3°. Qu'il leur eftoit pleinement connu qu'il n'y avoit que l'avidité infatiable
& la paffion dominante d'un intereft fordide defdites Pellé, Cornette, Nori,
Frichet & veuve Chandre, qui les avoient fait foufcrire audit contrat frandu-
leux de 1694: & fi fuppofer fauffement d'eftre creanciers dudit Duvau & dudit
feu de Jouy, defdites Lettres de Change, que cet égarement de leur conduite &
trahifon de leur confcience, n'avoit pour fondement que la gratification que ledit Duvan & fa femme leur donnoit pour cela, & l'indemnité qu'il leur en four-
niffoit.

4°. Que les quittances & décharges que lefdits particuliers avoient en confequence données audit Duvau du payement qu'ils avoient receu du tiers du
principal defdites Lettres de Change, n'avoient pour fondement que les promeffes d'indemnité defdit. heritiers, par lefquelles ils s'obligeoient d'approuver &
ratifier ladite remife defdits deux tiers qui feroit faite par lefdits particuliers
audit Duvau, du montant du principal & interefts defdites Lettres, & le partage qui feroit fait entr'eux & lefdits heritiers, du montant du tiers reftant; lequel partage auroit efté fait en prefence defdits Coufte & Girard, entre ladite
veuve Pellé, Cornette, Nori & lefdits heritiers, le même jour & dans le même
temps defdits prétendus tranfports chez ledit de Forges Notaire, même des fommes portées par iceux, et avoir efté payées à ladite veuve Pellé, Cornette et
Nori, par lefdites Coufte et Girard, et confequemment le dol, la fraude et le
deffaut de pouvoir et de capacité defdites veuve Pellé, Cornette et Nori, eftoit
auffi parfaitement connu aufdits Coufte et Girard que les leurs.

5°. Lefdits Coufte et Girard fçavoient bien qu'il n'y a pas de loix particulieres pour ladite veuve Pellé, Cornette et Nori, qui leur donnent non plus qu'à
eux, le pouvoir et la licence d'ufer de dol, de duplicité et de mauvaife foy;
feindre ce qui n'eft pas et cacher ce qui eft; frauder, tromper et décevoir tout
le monde; fpolier et piller ouvertement et impunement les fucceffions; s'en dire
fauffement creanciers pour en fruftrer entierement les heritiers, légataires et
creanciers légitimes d'icelles.

6°. Qu'il eft contre le droit naturel et les bonnes mœurs de traiter et faire
des conventions illicites pour tromper, fruftrer & décevoir le public: *Pacta quæ
contra leges, conftitutionefque, vel contra bonos mores fiunt, nullam vim habere, indubita-
ti juris eft. l. 6. c. de Pact.* Que les conventions illicites ne font pas moins nulles
que puniffables: *Legis virtus hæc eft, imperare, vetare, permittere, punire, l. 7. ff. de
legibus.* Qu'il eft deffendu dans toute forte d'engagemens tant volontaires qu'in-
volontaires, d'ufer d'infidelité, de duplicité, de dol, de fraude, de mauvaife foy,
de toute autre mauvaife voye pour tromper, nuire et faire tort: *Ne quis fuper-
grediatur, neque circumveniat in negotio fratrem fuum. Theffal. 4. 6.*
*Quæ dolo malo facta effe dicentur, fi de his rebus alia actio non erit, & jufta caufa effe
videbitur, judicium dabo. L. 1. §.1. de dolo. Sed an dolo quid factum fit, ex facto intel-
ligitur. L. 1. §. 2. ff. de doli mali & met. except. hoc dicto prator adverfus varios, & do-
lofos, qui aliis offerunt caliditate quadam fubvenit: Ne vel illis malitia fua fit lucrofa,
vel iftis fimplicitas damnofa. L. 1. ff. de dolo. Quod venditor ut commendet, dicit: Sic
habendum quafi neque dictum neque promiffum eft. Si vero decipiendi emptoris caufa dictum
eft, æque fic habendum eft, ut non nofcatur adverfus dictum, promiffumve actio, fed de
dolo actio. L. 37. de dolo. L. 19. ff. de adil.* Et que fuivant la regle de droit, perfonne ne peut faire fa condition meilleure par fon délit. *Nemo ex fuo delicto me-
liorem fuam conditionem facere poteft. L. non fraudantur de Reg. Juris.* Que c'eft ce que
le droit naturel et civil n'a pû fouffrir, eftant certain par fes regles et difpofitions
que perfonne ne fe doit enrichir de la perte et dommage d'autrui; et c'eft ce qui

a fait dire à l'Orateur Romain, au troifiéme de fes Offices, que tirer de l'uti-
lité et de la commodité de l'incommodité et dommage d'autrui, eftoit plus contre la nature que la mort, que la douleur, que la pauvreté et tous les autres accidens qui peuvent arriver à l'homme : *Iuris natura eft, ne quis locupletetur cum al-*
terius jactura & damno. L. nam hoc natura de condict. indeb. L. Iure natura de Reg. Iurif.
L. Plane de petit. heredit. L. Iure fuccurfum. §. finali. L. quoties in fine de Iure dotium.
L. cùm ii. §. Sane fi is, de tranfact. inftitut. de Iure natur. gent. & civili. Et c'eft pourquoi le Jurifconfulte Ulpian a fi differtement défini qu'il eftoit inique de laiffer
dans le gain celui qui le fent et le tire de fa fraude; et a voulu que ce mauvais
gain lui fût non-feulement ofté, mais extorqué en haine de la fraude qui doit
eftre perpetuelle ennemie à fes Auteurs. *L. ait prætor. §. hæc actio. ff. qua in frau-*
dem creditorum iniquum putavit prætor in lucro morari, eam qui lucrum fenfit ex fraude
id circo lucrum ei extorquendum putavit. L. fed & fi. §. Plane ad exhibendum. cap. 2. extra
de dolo & contumacia.

7°. Que par la difpofition de la Couftume, le ceffionnaire ne peut eftre reputé faifi de la chofe cedée, ni y avoir aucun droit que du jour de la fignification de fon tranfport; c'eft ce que lefdits Coufte & Girard n'ont jamais ofé
faire faire de ceux de ladite veuve Pellé, Cornette & Nori leurs faux cedans,
tant ils l'ont reconnu inutile par le dol & la fraude auffi énormes que manifef-
tes d'iceux; & par la fauffe affirmation & parjure effroyables qu'ils ont fait faire par iceux aufdites veuve Pellé, Cornette & Nori que les fommes y portées
leur eftoient dûës par ledit Duvau et la fucceffion dudit de Jouy.

8°. Que lefdits Coufte & Girard eftoient pleinement informez & avoient la
connoiffance la plus parfaite du dol, de la fraude & de la nullité dudit prétendu état de diftribution du 29 Decembre 1699, & qu'il avoit efté fabriqué par
deux faux creanciers dudit Duvau de leur autorité privée fans aucun droit, ni
prétexte, pouvoir ni capacité; que cet ouvrage d'iniquité n'eftoit rempli que
de faux emplois de fuppofitions de noms & de creances, plein de toutes fortes
de vices & de mal-façons, & que fi lefdits prétendus tranfports à eux faite par
ladite veuve Pellé, Cornette & Nori avoient efté auffi ferieux & valables qu'ils
font frauduleux, feints & fimulez, et qu'ils leur euffent payé en deniers comptans les 7107 liv. 17 f. 7 d. portés par iceux, il eft certain et manifefte qu'ils
n'auroient pas, comme ils ont accepté, lefdits tranfports fans garentie, reftitution de deniers, ni recours quelconque fur leurs cedans, moins encore par
acte du 11 Janvier 1701, a prouvé et ratifié et confenti l'execution dudit pretendu état de diftribution, par deux raifons également fenfibles; la premiere, que
lefdits Pellé, Cornette, et Nori, ne font employez dans ledit état que pour
6202 liv. 13 f. 7 d. qui eft 825 l. 4 f. moins qu'il n'eft porté par lefdits prétendus
tranfports. La feconde, que les interefts defdits 7107 liv. 17 f. 7 d. portez par
iceux depuis leur datte, jufque audit jour de ladite ratification, 11 Janvier 1700
montant à 1066 liv. 1 d. et qu'il n'eft ni naturel, ni croyable qu'ils euffent confenti à une perte réelle et effective de ces deux fommes qui font celle de 1891 l.
5 d. Cela choque le bon fens.

9°. Que les interefts du tiers des principaux defdites Lettres de Change mifes fous les noms defdites Pellé, Cornette et Nori, montent du jour des condamnations renduës fur icelles en 1683, jufques à celui dudit état 29 Decembre 1699,
qui fait plus de feize années à 1206; fur lefquels lefdits Coufté et Girard
n'ont pas pû faire comme ils ont fait une diminution de 5781 liv. par ledit acte
du 11 Janvier 1700, et doivent non-feulement eftre condamnez de les payer avec
les interefts, à ladite Belle-barbe et Loubet, comme auffi de leur remettre entre les mains lefdites Lettres de Change et Sentences de condamnation qu'ils ont
en leur poffeffion, et defquelles il paroît que lefdites Pellé, Cornette et Nori
les ont faits porteurs par lefdits tranfports, et attendu que par leur induë détention d'icelles, ladite Belle-barbe et Loubet n'ont pû faire leurs pourfuites
contre ledit feu Duvau pour le montant des deux autres tiers defdites Lettres
de Change & interefts d'iceux, à lui mal & induëment remis par lefdites Pellé,
Cornette & Nori, & que de plus par ledit acte du 11 Janvier 1700, lefdits Coufte
& Girard lui ont donné pleine & entiere main-levée de toutes les faifies faites
fur lui pour le payement du total defdites Lettres de Change & interefts d'icelles; qu'ils doivent eftre pareillement condamnez de rendre ledit Duvau auffi

bon & folvable pour le montant defdits deux tiers & interefts d'iceux, qu'il pouvoit eftre au jour defdits tranfports ; que lefdites pieces ont efté mal prifes & receuës par lefdits Coufte & Girard, & aux dommages & interefts de ladite Belle-barbe & Loubet, & en tous leurs dépens.

10. Que par ledit acte du 11 Janvier 1700, lefdits Coufte & Girard s'eftant fauffement & comme mal avifez, fuppofez eftre aux droits defdits Frichet & Chandre pour les interefts du tiers defdites Lettres de Change de 10200 livres, & 5000 liv. qui eftoient fous leurs noms, qui montoit depuis les condamnations de ladite année 1683, jufques audit jour dudit état 19 Decembre 1699, à 4053 l. & fait remife & diminution fur iceux de 1858 liv. ils doivent de même eftre condamnez d'en faire le payement à ladite Belle-barbe & Loubet & des interefts, & de leur remettre lefdites Lettres de Change & Sentences de condamnation qu'ils ont en leur poffeffion ; & attendu leur induë détention d'icelles & lefdites main-levées par eux données audit Duvau de le rendre folvable comme pour les précedentes, avec dommages, interefts & dépens.

110. Que par un même excés de dol & de fraude lefdits Girard & Coufté fe fuppofant fauffement eftre aux droits de la Damoifelle le Taneur de la Chauffée, fous le nom de laquelle ledit de Jouy avoit mis un billet de change dudit Duvau de 7800 liv. ayant le 3 Septembre 1697, par acte paffé pardevant ledit de Forges, reconnu qu'ils avoient receu dudit de Valiere, en prefence & du confentement dudit Duvau, le tiers defdits 7800 liv. & qu'ils lui avoient fait remife des deux autres & interefts d'iceux ; & lui ayant donné quittance dudit tiers au principal, & du total des interefts de ladite fomme principale ; fait pleine & entiere main-levée de toutes les faifies faites fur lui Duvau, pour le payement de ladite fomme totale & des interefts d'icelle ; annullé lefdites faifies, confenti que tous les débiteurs dudit Duvau vidaffent leurs mains dans les fiennes ; doivent femblablement eftre condamnez de payer à ladite Belle-barbe & Loubet ladite fomme de 7800 liv. avec les interefts d'icelle, depuis le jour de la condamnation intervenuë contre ledit Duvau en 1682, qui font enfemble jufques à ce jour, celle de 17160 liv. & en leurs dommages, interefts & dépens.

Moyens de ladite Belle-barbe & Loubet qui établiffent l'équitté de leur demande contre ladite veuve Pellé, Cornette & Nori, afin de payement d'autre fomme de deux mille livres & interefts d'icelle.

Ils fe réduifent uniquement à juftifier qu'au préjudice des faifies faites à la Requefte dudit Colombier, fur lefdits heritiers et fucceffion dudit de Jouy, le 4 Janvier 1696, pour le payement defdits 2000 liv. et interefts d'iceux, és mains defdites veuve Pellé, Cornette & Nori, ils ont vuidé leurs mains en celles defdits heritiers du dû & effets qu'ils avoient en leurs mains, appartenant aux fucceffions et communauté defdits de Jouy et fa femme.

Cette preuve eft auffi invincible qu'autentique, & plus que fuffifamment établie par trois actes publics paffez pardevant ledit de Forge ce venerable Notaire qui porte fi fort fa diftinction d'avec tous ces confreres, fait revenir les morts & parler jufques à leur ombre ; fçait paffer jufques à cent trente-huit actes le même jour, et autant de déclarations contraires, auffi dénué de fcrupule que d'opulence et de fortune, par lefquels trois actes du même jour, 22 Sept. 1697. Il eft porté par le premier que le même jour ledit Cornette a remis et payé aufdits heritiers de Jouy 4333 l. 6 f. 6 d. pour le refte du tiers du principal defdits 26000 liv. de Lettres de Change appartenant audit de Jouy, qui eftoient fous fon nom, d'une part ; et 4064 l. 1 f. 10 d. d'autre, pour les interefts dudit tiers, & que ledit Cornette reconnoît qu'au moyen de ce, lefdits heritiers de Jouy lui ont remis entre les mains l'original de la declaration et contre-lettre par lui faite audit feu de Jouy, comme il ne prétendoit rien aufdites Lettres de Change paffée pardevant ledit de Forges, inventoriée par lui par l'inventaire fait après le decez dudit de Jouy. Par le fecond, que le même jour ladite veuve Pellé a remis et payé aufdits heritiers 1166 l. 13 f. 4 d. pour refte du tiers du principal de ladite Lettre de Change de 7000 liv. appartenant audit feu de Jouy

Jouy, qui eftoit fous le nom dudit feu Pellé fon mari, d'une part; & 1164 livres, 1 fol, 11 deniers d'autre, pour les interefts dudit tiers; & que ladite Veuve
Pellé reconnoift, qu'au moyen de ce, lefdits heritiers lui ont remis entre les
mains la declaration & contrelettre faite au profit dudit feu de Jouy par ledit
Pellé fon mari, comme ladite lettre de change lui appartenoit, & qu'il ne prétendoit rien en icelle inventoriée par ledit inventaire fait après le decés dudit
de Jouy. Par le troifiéme, que le même jour ledit Nori a remis & payé aufdits
heritiers 1040 livres pour le refte du tiers du principal defdites lettres de change
de 12240 livres d'une part, & 1939 livres, 13 fols, 10 deniers d'autre, pour les
interefts dudit tiers, & ledit Nori reconnoift, qu'au moyen de ce, lefdits heritiers lui ont remis entre les mains la declaration & contrelettre par lui donnée
audit feu de Jouy, comme lefdites lettres de change lui appartenoient; qu'il ne
prétendoit rien en icelles inventoriées par ledit inventaire fait après le decés
dudit de Jouy.

Ces trois actes n'ont pas befoin de raifonnement ni de commentaire; ils en
font plus comprendre qu'un volume d'exageration n'en pourroit exprimer.

*Moyens d'Appel de ladite Bellebarbe & Loubet de l'Ordonnance furprife de la
religion de Monfieur le Lieutenant Civil le 6 Novembre 1694.*

Pour l'intelligence d'iceux & les comprendre d'une feule idée, il eft important
d'obferver, que ledit feu de Jouy fe feroit attaché depuis le decés de fa femme
jufques au fien, à changer de nature tous lefdits effets qu'il avoit fouftraits &
recellez de leur communauté, & les mettre fous les noms des particuliers qu'il
avoit interpofez, entre autres fous le nom du pere dudit Claude Nori, lequel
eftant decedé en 1692, ledit de Jouy auroit engagé ledit Nori fils de lui prefter
fon nom comme faifoit fon pere; & dés la même année ledit de Jouy auroit fait
paffer fous iceluy beaucoup defdits effets par lui recelez; & pour d'autant plus
l'engager de continuer à le lui prefter, ledit de Jouy lui auroit prefté 4080 livres le 13 Octobre 1693, defquels il lui auroit fait fa promeffe. Et les 27 Novembre & premier Decembre de la même année ledit de Jouy auroit fait deux tranfports pardevant Notaire audit Claude Nori des effets de la communauté, le premier de 1345 livres, 15 fols, & le fecond de 450 livres de rente au fort principal de 9000 livres, aufquels tranfports par des actes particuliers du même jour
d'iceux, ledit Nori auroit déclaré ne rien avoir ni prétendre, & ne les avoir ac-
ceptez que pour faire plaifir audit Jouy, auquel il n'avoit fourni aucune valeur
d'iceux.

Le 21 Avril 1694 ledit de Jouy auroit mis és mains dudit Nori lefdites deux
lettres de change de 12240 livres dûës à ladite Communauté par ledit du Vau,
avec les Sentences de condamnation dont ledit Nori lui en auroit donné fa reconnoiffance, portant promeffe de les lui rendre ou de lui en payer la valeur.

Le même jour ledit de Jouy auroit pareillement mis és mains dudit Nori deux
billets de change faits à fon profit par ledit du Vau & fa femme, montant à
4000 livres, defquels ledit Nori lui auroit auffi donné fa reconnoiffance, portant promeffe de les lui rendre ou de lui en payer la valeur.

Le même jour encore ledit de Jouy auroit dépofé & mis és mains dudit Nori
pour 1588 livres, 5 fols de vaiffelle d'argent, dont ledit Nori lui avoit auffi
donné fa reconnoiffance au bas du Memoire chiffré d'icelle & fommé à ladite
fomme de 1568 livres, 5 fols, portant promeffe de la lui rendre à fa volonté &
premiere requifition.

Ledit de Jouy eftant decedé ledit jour 9 Aouft de la même année 1694, &
ledit Nori ayant efté chez lui au moment qu'il venoit d'expirer, & y ayant
trouvé ledit du Vau, & vû qu'il fe fuppofoit creancier dudit de Jouy bien que
fon principal debiteur, qu'il envoyoit querir un Commiffaire pour appofer les
fcellez, ledit Nori lui auroit dit, qu'il avoit en fes mains lefdites lettres & billets de change, & ladite vaiffelle d'argent, avec une obligation de lui du Vau
au profit dudit feu Nori fon pere fous le cautionnement dudit feu de Jouy du 9
Novembre 1690, pour laquelle ledit de Jouy avoit emprunté le nom de fondit
pere, & pris fa déclaration comme il ne faifoit que le lui prefter, afin de cacher
à lui du Vau que ce fût lui qui eût fait ledit preft; à quoi ledit du Vau lui

F

auroit répondu ; que s'il vouloit lui rendre service & s'accommoder avec lui , il lui feroit telles gratifications qu'il pourroit défirer ; dequoy ledit Nori eftant lâchement & perfidement convenu , ledit Duvau lui auroit à l'inftant déclaré qu'il avoit fait dreffer un contrat d'attermoyement avec fes creanciers , portant qu'il lui faifoit remife des deux tiers des fommes , qu'il reconnoiffoit leur eftre débiteur , & des interefts d'iceux , & de 15000 liv. fur le montant des interefts du tiers reftant , qu'il falloit qu'à l'inftant que lefdits fcellez feroient appofez il vint avec lui chez ledit de Forges Notaire fe dire fon creancier & dudit feu de Jouy defdits 12240 liv. defdites Lettres de Change , dequoy ledit Nori eftant agréablement convenu au moment que l'appofition defdits fcellez auroi efté finie , il auroit efté avec ledit Duvau chez ledit de Forges figner ledit contrat , & fe dire fauffement par icelui fon creancier & dudit feu de Jouy defdits 12240 liv.

Enfuite dequoi le même jour ledit Nori aprés qu'il auroit eu figné ledit contrat auroit formé oppofition à la reconnoiffance & levée defdits fcellez , pour dit-elle , la confervation de fes droits qu'il déduiroit en temps & lieu.

Le 8 Octobre enfuivant de ladite année 1694 , ayant efté à la requefte & prefence dudit Duvau commencé de proceder à la levée defdits fcellez & à la confection de l'inventaire par ledit de Forges ; Nori y auroit fait comparoir fon Procureur qui auroit dit que fadite oppofition eftoit afin d'eftre payé de 950 liv. en principal & interefts ; en quoy ledit feu de Jouy s'eftoit obligé folidairement & comme caution dudit Duvau envers ledit feu Nori fon pere par ladite obligation du 9 Novembre 1690 , portant fubrogation aux droits & hypoteques de la Dame de Bourdeaux creanciere dudit Duvau de même fomme , & enfuite ce Procureur auroit refté prefent à la confection dudit Inventaire , pour voir ce qui y feroit inventorié concernant ledit Nori , & ayant veu inventorier lui - même ladite promeffe faite par ledit Nori au profit dudit feu de Jouy de ladite fomme de 4080 liv. du 13 Octobre 1693 , lefdits transports & déclarations des 27 Novembre & 1 Decembre de la même année ; lefdites reconnoiffances dudit Nori defdites Lettres & Billets de change , celle de ladite Vaiffelle d'argent ; & qu'il n'y avoit pas de preuves plus fortes que celles qui en refultoient de l'infigne fuppofition dudit Nori , qu'il lui fût rien dû ni à fon pere de ladite obligation par ledit feu de Jouy ; il auroit dit audit Nori qu'il ne pouvoit pas foûtenir fon oppofition , qu'il cherchât quelqu'autre pour le faire & lui donner une autre couleur.

A quoi ledit Nori fecond en expediens lui aïant repliqué qu'il en avoit de tres-faciles & infaillibles , pour cela , qu'il fçauroit faire valoir , auroit comparu lui-même à la vacation fuivante , & dit qu'afin qu'on ne lui pût imputer aucune mauvaife foy , il declaroit que ledit feu de Jouy pour d'autant plus l'affurer de la fomme de 950 liv. qu'il lui doit conjointement avec ledit Duvau , lui avoit donné en nantiffement ladite Vaiffelle d'argent , Billets & Lettres de Change dont il lui avoit donné trois reconnoiffances particulieres , & qu'il eftoit preft & offroit de tout rendre , en lui remettant lefdites trois reconnoiffances & lui païant préalablement lefdits 950 liv. interefts , frais & dépens.

Dans le même temps ledit Duvau auroit fait comparoir Maiftre Lebreton Procureur de fa femme de lui féparée quand aux biens , qui auroit déclaré qu'il s'oppofoit pour elle aufdits fcellez , à l'effet de lui eftre rendu ladite Vaiffelle d'argent , fuppofant qu'elle lui appartenoit , & avoit efté par elle mife és mains dudit feu de Jouy , tant pour feureté de quelque argent qu'il lui avoit prefté , pourquoi elle croïoit lui avoir figné un billet un mois avant fon decés , avec autres chofes comprifes en icelui ; que pour la mettre en nantiffement audit Nori pour feureté d'une fomme de 950 liv. à lui duë & contenuë en l'obligation fuite à fon profit par ledit Duvau fon mari & ledit feu de Jouy , fommant les heritiers & creanciers dudit de Jouy de lui en faire la délivrance.

A cela le Procureur des creanciers oppofans auroit repliqué qu'ils n'en pouvoient pas demeurer d'accord , qu'il n'eut efté fait apparoir de ladite obligation & de l'acte de nantiffement , & qu'iceux n'euffent efté communiquez à tous les creanciers oppofans.

Et Maiftre Jean Merelle Procureur dudit René de Jouy & ledit Jacques Colombier chargé de la procuration dudit Urbain de Jouy , affifté d'eux , auroit dit que les offres conditionnelles dudit Nori & la reclamation faite par ladite femme Duvau de ladite Vaiſſelle d'argent, ne pouvoit nuire ni préjudicier à ſes parties, pour leſquelles il faiſoit proteſtations contraires, icelles ne *pouvant preſter aucun conſentement ni recevoir les offres dudit Nori, n'ayant aucune qualité pour le faire.*

Aprés quoi ayant eſté continué de proceder audit inventaire en preſence dudit Nori, il ſe ſeroit trouvé la déclaration dudit feu Nori pere, au profit dudit feu de Jouy, comme ladite obligation lui appartenoit; qu'il ne faiſoit que lui preſter ſon nom pour lui faire plaiſir, avec un acte du 21 Septembre 1684, contenant que ledit Duvau avoit baillé ladite Vaiſſelle d'argent audit feu de Jouy dont la valeur montoit à 1568 liv. 5 ſ. pour ſeureté du payement de pareille ſomme à lui fournie en deniers comptans par ledit de Jouy; leſquelles pieces auroient eſté leuës & examinées en preſence de tous les creanciers oppoſans ou de leurs Procureurs.

Ledit Nori voyant ſon oppoſition entierement détruite & ſa mauvaiſe foy averée, auroit dit aud. Duvau qu'il falloit prendre une autre voïe, qui eſtoit qu'il fît faire un referé à M. Lieutenant Civil ſur la reclamation de lad. Vaiſſelle, & lui cacher qu'elle eût eſté baillée par lui Duvau audit de Jouy en nantiſſement en ladite année 1684, & que ce fut un effet qu'il avoit ſouſtrait & recellé à la mort de ſa femme; lui cacher que ce n'eût eſté que le 21 Avril de ladite année 1694 que ledit feu de Jouy l'eût miſe & dépoſée és mains de lui Nori avec leſdites Lettres & Billets d'eſchange; lui cacher que lui Nori ſoit debiteur perſonnel deſdits 4080 liv. lui cacher encore que ce ſoit ſous prétexte de lad. obligation de 950 liv. que ledit feu de Jouy lui ait mis és mains ladite Vaiſſelle d'argent, & qu'au lieu de ce pour mieux ſurprendre ſa religion & l'empêcher de rien aprofondir; lui Nori lui diroit que ledit feu de Jouy lui avoit mis entre les mains quelque Vaiſſelle d'argent pour le payement de pluſieurs ſommes qu'il lui avoit empruntées pour ladite femme Duvau, & qu'afin qu'aucun deſd. creanciers ne peut contredire ſa ſuppoſition, lui Duvau n'en feroit aſſigner aucun ſur ledit referé, qu'uniquement lui Nori, ledit René de Jouy & ledit Colombier, par leſquels ils feroient dire & déclarer audit ſieur Lieutenant Civil avoir connoiſſance que ladite Vaiſſelle eſtant en ſes mains pour ſureté des ſommes à lui dûës, qu'on ne ſpécifieroit pas, appartenoit à ladite femme Duvau, & que c'eſtoit pour elle que ledit feu de Jouy avoit emprunté de lui Nori ce qui lui eſtoit dû, & qu'ils conſentent que ladite Vaiſſelle ſoit renduë à ladite femme Duvau ſans qu'il en ſoit fait d'inventaire, en payant par elle à lui Nori ce qui lui eſt dû tant en principal, intereſts que frais; que par ce moyen ledit ſieur Lieutenant Civil ne penetreroit pas plus avant, ni ne refléchiroit pas ſur l'incapacité deſdits René de Jouy & Colombier, que pour cela il falloit que lui Duvau fît agir auprés dudit Merelle leur Procureur, lui fît une gratification réelle, l'intereſt lui faiſant tout faire; & qu'il ne l'auroit pas plûtoſt deſintereſſé qu'il feroit dire & conſentir par ledit René de Jouy & Colombier tout ce qu'il voudroit.

Cela ainſi réſolu & effectué, ledit Duvau auroit le 5 Novembre de ladite année 1694 fait aſſigner leſdits de Jouy, Colombier & lui Nori au lendemain 6 dudit mois de relevée en l'Hôtel dudit ſieur Lieutenant Civil, pour eſtre preſens au rapport du Commiſſaire ſon affidé, des conteſtations des parties; & y eſtant comparus ledit Nori lui auroit dit & ſuppoſé que pour ſeureté du payement des ſommes *que ledit feu de Jouy lui avoit empruntées, pour ladite femme Duvau (ſans les articuler ni ſpécifier) il lui avoit mis és mains quelque Vaiſſelle d'argent (ſans exprimer ni les eſpeces ni la valeur) & quelques papiers (ſans dire ni expliquer que c'eſtoit des Lettres & Billets de change pour 1624 liv.) qu'il avoit en ſa poſſeſſion & qu'il offroit de rendre en lui payant ce qui lui eſt dû en principal, intereſts, frais & dépens;* & dans le même temps ledit René de Jouy & Colombier auroient fauſſement dit & déclaré qu'ils avoient connoiſſance que ladite Vaiſſelle d'argent appartenoit à ladite femme Duvau; que c'avoit eſté pour elle que ledit de Jouy avoit emprunté dudit Nori ce qui lui eſtoit dû, qu'il conſentoit que ladite Vaiſſelle d'argent lui fut renduë, ſans qu'il en fut fait aucun inventaire, en païant par elle audit Nori ce qui lui eſt dû tant en principal, intereſts que frais; *ſur quoi ledit Sieur Lieutenant Civil en conſequence de la déclaration à lui preſentement faite par leſdits René de Jouy & Colombier, qu'ils ont connoiſſance que la Vaiſſelle d'argent eſtant és mains dudit Nori pour nantiſſement des ſommes à lui dûës, appartient à ladite femme*

Duvau, & que c'a esté pour elle que ledit feu de *Jouy* a emprunté dudit Nori ce qui lui est dû, & du consentement par lesdits de *Jouy* & Colombier presté, que ladite Vaisselle d'argent soit renduë à ladite femme *Duvau*, sans qu'il en soit fait aucun inventaire, en payant audit Nori ce qui lui est dû tant en principal, interests que frais. Ordonne qu'en payant par ladite femme Duvau audit Nori ce qu'il affirmera lui estre dû tant en principal, interest, que frais, ladite Vaisselle d'argent lui sera rendue sans qu'il en soit fait aucun inventaire; & que ledit Nori sera tenu de rapporter les papiers qu'il a déclaré avoir en sa possession, pour estre ajoûtez audit inventaire & à lui rendus jusques à ce qu'il ait esté payé de son dû; & qu'à l'égard des titres & papiers inventoriez par ledit inventaire, ils seront laissez en la garde desdits René de *Iouy* & Colombier, & que pour proceder à la délivrance d'iceux, l'Audiance continuée au Mardy ensuivant 9 du même mois de Novembre 1694.

Que le 10 du même mois & an ledit Nori auroit encore comparu à la derniere vacation de la confection dudit inventaire, & représenté lesdits Billets & Lettres de Change montant à 16140 liv. qui auroient esté inventoriez sous les cottes 97 & 98 & derniere dudit inventaire, ensuite remises en ses mains dont il se seroit chargé sur le procez verbal dudit Commissaire, & promis de les representer comme dépositaire des biens de Justice.

Cela fait, le même jour encore, nonobstant qu'il n'eût pas esté statué sur la délivrance desdits titres & effets inventoriez par ledit inventaire, ainsi qu'il avoit esté ordonné par ladite Ordonnance dont est appel du 6; neanmoins ils auroient esté remis par cet illustre de Forges és mains desdits René de Jouy & Colombier, lesquels s'en seroit chargez solidairement en leur propre & privé nom, comme dépositaires de Justice.

Comme ledit René de Jouy ce chetif, plus grossier & plus indigent de tous les Vignerons dudit Village de Fondette, n'avoit jamais sorti ni perdu de veuë le Cloché d'icelui, estoit arrivé en cette Ville dans le plus triste & miserable état, méchant habit de toille & soüilliez ferrez à glace, sans connoissance ni recours que dudit Colombier qui l'avoit mandé, comme aïant esté long-tems au service dudit feu de Jouy son frere aux gages de cent livres par an, suivant son obligé, qui lui auroit esté remis lors dudit inventaire; lequel le voïant arrivé dans ce pitoïable équipage qui ternissoit non-seulement l'oppulance de son frere, mais par un contre-coup retomboit jusques sur lui, lui auroit fait d'abord mettre sur le corps & paié un bon & gros habit de Friperie, d'autres gros souliers à moins de bruit; l'auroit mis en Auberge & répondu de sa nourriture & logement; il lui auroit laissé & mis és mains tous lesdits titres & effets, qu'il n'auroit pas eu plûtost examiné que le sur-lendemain 12 dudit mois de Novembre il auroit esté chez ledit Duvau lui dire que tout estoit en sa possession, que le Mémoire de ladite Vaisselle d'argent déposée par ledit feu de Jouy audit Nori au bas duquel il lui avoit donné sa reconnoissance portant promesse de la lui remettre à sa premiere demande & requisition, contenoit que c'estoit lui Duvau & non sa femme qui l'avoit mise és mains dudit feu de Jouy en 1684, pour seureté & nantissement de 1568 l. 5 s. qu'il lui avoit prestez; que ladite Belle-barbe & les autres créanciers dudit de Jouy en auroient connoissance & empêcheroit sa femme de la retirer; que quand même elle le feroit il la lui feroit rapporter; qu'il falloit absolument qu'il la retirât; qu'il sçavoit bien qu'il lui estoit dû de l'argent à lui par ledit de Jouy, entr'autres les 2000 l. de ladite promesse de lui Duvau à son profit, qu'il lui avoit ceddée pour son payement; que neanmoins il ne feroit pas difficulté de lui remettre ladite reconnoissance s'il lui faisoit une gratification réelle de 750 liv. lui donnoit conjointement & solidairement avec sa femme leur reconnoissance; qu'il la leur avoit délivrée, portant promesse de l'en garantir & indemniser; de quoi ledit Duvau & sa femme estant convenus, lui ayant à même-temps payé lesdits 750 l. fait, signé & délivré ladite reconnoissance & indemnité, il leur auroit à même instant remis ladite reconnoissance dudit Nori.

Et ledit Nori dit que le même jour 12 Novembre, ledit Duvau & sa femme seroient venus chez lui avec sadite reconnoissance & l'argent à la main, qu'ils ne lui auroient demandé aucune affirmation, lui auroit remis sadite reconnoissance & qu'il leur auroit rendu ladite Vaisselle d'argent.

Et quoi qu'il n'y ait aprés cela rien de plus manifeste, que c'est sur tous ses artifices, suppositions, fausses déclarations machinées, consentemens frauduleux
donnez

donnez fans aucun droit, prétexte, pouvoir ni capacité, cette fourberie, ces tours de foupleffe & de duplicité les plus étudiez, ces apparences trompeufes & équivoques, que ledit Nori pour affouvir fa cupidité ait furpris & defceu la religion dudit fieur Lieutenant Civil, dans l'obtention de lad. Ordonnance dont eft appel; qu'elle pêche auffi fortement dans la forme, qu'elle eft vicieufe & infoûtenable dans le fonds, faifant violence à toutes les Regles de la Juftice, neanmoins ladite Belle-barbe & Loubet font obligez d'y ajoûter les moyens & obfervations fuivans.

Le premier, que dés l'inftant que le Procureur de ladite femme Duvau eût vû, lû & tenu ledit acte du 21 Septembre 1684, pofterieur de plus d'un an à fa prétenduë féparation de biens d'avec fon mari, du 4 Septembre 1683, contenant que ledit Duvau avoir baillé ladite Vaiffelle d'argent audit feu de Jouy, pour feureté du payement de pareille valeur qu'il lui avoit fournie en deniers contans, auroit dit qu'il ne perfiftoit plus à fon oppofition & reclamation d'icelle & fe feroit retiré.

Le fecond, que ladite femme Duvau n'ayant efté ni affignée ni comparu fur ledit referé, ni fondit Procureur pour elle, requis, fait ni fait faire aucune demande; que ladite Vaiffelle d'argent lui fut remife, ni offert, ni fait offrir de rien payer audit Nori en la lui remettant, il n'a pû eftre ordonné qu'elle lui feroit remife. Les Juges ne pouvant prononcer fur chofes non demandées fuivant l'Ordonnance, parce qu'il faut que *fententia fit conformis libello. L. ut fundus* 19. *commun. divid.* où il eft dit en termes exprés que *ultra id quod in judicium deductum eft. Excedere poteftatis judicis non poteft. Ferrar. Inform. Sentent. Defin. n. 12.*

Le troifiéme, eft auffi étonnant qu'inconcevable, que fans que ledit Nori ait juftifié d'aucune piéce ni titre de créance, rien que fa fauffe fuppofition, d'eftre creancier de plufieurs fommes dudit feu de Jouy, dont il eft au contraire debiteur; il ait efté ordonné qu'il fera payé indéfiniment de toutes les fommes qu'il affirmera lui eftre dûës, & que jufques à ce, ladite Vaiffelle, Billets & Lettres de Change de 16240 l. qualifiez de papiers demeureront en fa poffeffion, ce qui eft fans exemple & n'en peut jamais avoir, non plus que de prétexte & de fondement, vû que l'art. 8. du titre 6. de l'Ordonnance de 1673, prohibe qu'aucun preft puiffe eftre fait fur gages, fans qu'il n'y ait un acte fait pardevant Notaire, dont il fera retenu minute, qui contiendra la fomme preftée, & les gages qui auront efté délivrez, à peine de reftitution des gages, à laquelle le prêtant fera contraint par corps, fans qu'il puiffe prétendre aucun privilege fur les gages, au préjudice dequoi fans qu'il n'ait ni apparu ni efté juftifié par ledit Nori, ni pû l'eftre, d'aucun acte de preft, eftant debiteur au lieu d'eftre prefteur, il n'a pû ni dû eftre ordonné que ladite Vaiffelle d'argent lui refteroit entre les mains, jufques à ce qu'il aura efté payé des prefts imaginaires qu'il affirmera lui eftre dus, bien qu'ils n'ait jamais exifté que dans la malignité de fon idée & de fa mauvaife foy, & foit uniquement établis fur fon infigne fuppofition, & c'eft ce qui s'appelle avoir entierement fermé les yeux à la lumiere, pour porter la plus vive atteinte à la difpofition inviolable de l'Ordonnance.

Le quatriéme, que ledit referé n'a pu eftre fait, fans y appeller ladite Bellebarbe partie principale, avec tous les creanciers oppofans, & que ni elle ni pas un feul d'iceux ni y ont efté, ni affignez, ni entendus, ni eu aucune connoiffance de ladite Ordonnance, laquelle ne leur a jamais efté montrée, ni fignifiée, ni à leurs Procureurs.

Le cinquiéme, que nonobftant tout cela, ledit Nori fous le prétexte fpécieux de l'ordonné d'icelle fi oppofé à l'équité, fi contraire à toutes les Regles de droit à celles & l'ordre de la procedure, à la difpofition formelle dudit art. 8. de ladite Ordonnance de 1673, qu'il bleffe fi griévement l'efprit & en viole fi effroyablement les deffenfes, n'a pas laiffé de fpolier impunément lefdites fucceffions & Communauté, tant de ladite Vaiffelle, de ladite obligation de 950 l defdits 4080 l. dont il lui eft perfonnellement debiteur, que defdits 4000 l. de Billets & 11240 l. de Lettres de Change, & que quoi qu'il en fut chargée comme dépofitaire de juftice, par ledit procez verbal d'appofition & levé du fcellé, & abfolument tenu & obligé, fuivant fes offres, de les rapporter & remettre en recevant lefdits 950 l. de ladite obligation avec lefdits Billets; Il n'a pas laiffé de s'en dire fauffement creancier dudit feu de Jouy, & dudit Duvau, & lui faire

G

remife des deux tiers du total du principal & interefts par ledit Contrat de 'l'an-née 1694, & non contant de ce a induit, fuggeré & fait fouftraire par lefdits heritiers de Jouy, tout le furplus defdits 128395 l. defdites Lettres de Change; avec tous les Billets & tous les meilleurs & principaux effets de ladite Commu-nauté, inventoriez par ledit inventaire fait après le decez dudit de Jouy, les a obligez de les porter chez lui, s'eft fait le recelleur de leur fouftraction, & dés qu'il les a eu en fa poffeffion, les leur a fait diffiper & déprader, fait faire des remifes du montant d'iceux aux débiteurs, les plus exorbitantes & les plus ef-froyables, & rendre à iceux les titres de créance, comme il demeure prouvé non-feulement par plus de quatre-vingt actes publics que ladite Belle-barbe & Lou-bet raportent, mais encore par les interrogatoires fubis par lefdits heritiers fur le decret contr'eux décerné pour raifon de ce; entr'autres par celui du Vigneron du 16 Octobre 1696, pardevant ledit fieur Lieutenant Civil, par lequel, inter-rogé, s'il a touché beaucoup d'effets de ladite Communauté.

Répond, qu'il a receu huit à neuf mille livres.

S'il a pas connoiffance qu'il fut dû à ladite Communauté quantité de fommes par ladite femme Duvau.

Dit qu'ouy, & qu'elle doit bien quarante mille livres à ladite Communauté.

A lui remontré qu'il ne dit pas la verité, d'autant qu'il y a eu un acte parde-vant Notaire, avec ladite Duvau, qui a efté compulfé.

Dit qu'il eft vrai qu'il y a eu un accommodement, dont l'acte a efté receu par de For-ges Notaire, par lequel ladite femme Duvau s'oblige à payer 19000 liv.

Pourquoi lui qui n'eft qu'heritier beneficiaire, a compofé d'une dette de Com-munauté de deux cens trente mille livres, à une fomme de dix-neuf mille livres.

Dit qu'il l'a fait par le confeil de fes amis.

Pourquoi il n'a rien receu defdits 19000 l. puifqu'il avoit fait un accommode-ment à une fomme fi modique.

Dit qu'il n'a rien receu, parce que ladite femme Duvau n'avoit pas d'argent.

S'il a encore tous les papiers de ladite Communauté, & tous les effets inven-toriez.

Dit qu'ouy, & qu'ils font chez ledit Nori.

A qui il a délivré les papiers des creances de ladite femme Duvau.

Dit qu'ils font encore entre les mains dudit Nori, qui ne les a pas encore délivrez.

Le fixiéme, que l'excés de la mauvaife foy defdits Nori & Colombier, leur mauvais caractere, leur avidité infatiable, la trahifon de leur devoir & de leur confcience, le violement des dépôts que la Juftice leur avoit confiez, ne peu-vent eftre mieux juftifiez ni averez qu'ils le demeurent par ledit procez verbal d'appofition & levée de fcellez, & qu'il n'y a rien que leur paffion dominante de cupidité ne leur faffe entreprendre; & faire de fuppofition & fauffe décla-ration en Juftice, qu'elle ne faffe donner audit Colombier, ni de confentement frauduleux, fans pouvoir ni capacité, qu'elle ne lui faffe préter ni de titre & piece dont il foit chargé par Juftice, qu'elle ne lui faffe remettre & fe défaifir; comme il fe juftifie & fe voit dans le plus haut point de l'évidence par l'acte fa-briqué par ledit de Forges le 15 Juin 1695, par lequel il fait reconnoiftre auf-dits heritiers de Jouy que ledit Colombier leur a remis entre les mains tous les titres & pieces inventoriez par ledit inventaire fait après le decez dudit de Jouy defquelles il eftoit chargé par icelui, à la referve d'une des reconnoiffance dud.

Nori, dattée du 21 Avril 1694, par laquelle il reconnoît que ledit feu de Jouy lui a mis és mains la Vaisselle d'argent mentionnée au mémoire, au bas duquel est ladite reconnoissance inventoriée sous la cotte 27 dudit inventaire, laquelle reconnoissance ledit Colombier a délivré és mains dudit Duvau & sa femme, en execution suppose-t-il de ladite Ordonnance du sieur Lieutenant Civil dont est appel, dont ledit Duvau & sa femme lui ont donné décharge sous sein privé, le 12 dudit mois de Novembre 1694, laquelle reconnoissance lesdits heritiers approuvent & reconnoissent que ledit Colombier leur a mis és mains ladite reconnoissance qui lui a esté donnée par ledit Duvau & sa femme.

Le septiéme, que la fausseté & insigne supposition dudit Colombier, qu'il soit porté par ladite Ordonnance du 6 Novembre 1694, dont est appel, qu'il remettra ladite reconnoissance dudit Nori de ladite Vaisselle d'argent audit Duvau & sa femme, ni aucun des titres, pieces & papiers dont il a esté chargé par ledit inventaire, à qui que ce soit, ne peut estre mieux convaincue & averée qu'il le demeure par ladite Ordonnance cy-dessus rapportée dans tout son contenu.

Le huitiéme, qu'il est absolument faux & controuvé que ledit Nori ait depuis le decés de son pere formé comme il la suppose par ledit procez verbal d'apposition & levée de scellé & dans l'Instance aucune demande, intente aucune poursuite ni obtenu aucune condamnation de principal ni interests contre lesdits Duvau & sa femme, ni contre ledit feu de Jouy pour raison de ladite obligation de 950 l. ni qu'il en ait peu ni puisse justifier ni representer aucune qu'il est également faux que ladite femme Duvau soit ni comprise ni dénommée dans icelle.

Le neuviéme, que ledit Nori ayant abandonné sa fausseté & supposition que ledit de Jouy lui avoit mis en nantissement ladite Vaisselle d'argent pour d'autant plus l'assurer du payement desdits 950 l. portés par ladite obligation, pour y substituer celle que c'estoit pour seureté du payement des sommes que ledit feu de Jouy lui avoit empruntées pour la dite femme Duvau, sans les especifier ni le montant ni en rapporter aucune preuve. Il est contre tous les principes d'équité & de raison d'avoir ordonné, qu'en lui payant par ladite femme Duvau ce qu'il affirmera lui estre dû tant en principal, interests que frais, il lui rendra ladite Vaisselle d'argent, d'autant que c'est visiblement l'induire & provoquer à faire une fausse affirmation, & l'exciter de se rendre parjure, donner la plus vive atteinte à la disposition de l'Ord. qui ne veut pas que le serment & l'affirmation soient déferez aux demandeurs; & à celle de l'article 2. du tit. 20. de celle de 1667 qui veut qu'il soit passé actes pardevant Notaire ou sous signature privée de toutes choses excedant la somme ou valeur de cent livres, même pour dépôts volontaires & qu'il ne soit receu aucune preuve par témoins, contre & outre le contenu aux actes, encore qu'il s'agit d'une somme ou valeur moindre de cent livres, à celle de l'article 5. qui veut que si dans une même instance la partie fait demande de plusieurs sommes dont il n'y ait point de preuve ou commencement d'icelle par écrit, & que jointes ensemble elles soient au dessus de cent livres elles ne pourront estre verifiées par témoins, & contre encore celle de l'art. 6. portant que les demandes dont il n'y aura point de preuves par écrit, ne pourront estre receuës; & à plus forte raison celles dudit Nori qui sont pour une quantité indéfinie de sommes qu'il n'a sceu additionner ni en pouvoir trouver le montant, non plus que les fonds des supposez prests d'icelles, lui qui au contraire n'a jamais esté en pouvoir de payer audit feu de Jouy lesdits 4080 liv. dont il est encore débiteur à sa succession; & l'ordonné de cette affirmation est si étonnant que ladite Bellebarbe & Loubet ne le peuvent concevoir, ni penetrer l'artifice que ledit Nori a pratiqué pour surprendre & decevoir la religion dudit sieur Lieutenant Civil jusques à ce point là, estant le Magistrat qui honore sa Charge avec plus de gloire, donne l'exemple & fait la regle de tous les autres qui veulent atteindre à la perfection, estant reconnu pour un Juge sans prévention, celui qui n'écoute que la raison, ne s'arreste ni aux apparences ni animer aux soubçons, qui examine & penetre le plus la nature de toutes choses, fait dependre ses jugemens de la connoissance la plus parfaite de la verité & des regles les plus immuables de la Justice & de l'équité, & bien que ses lumieres, sa sagesse & son integrité n'ait pas besoin ni de justification ni d'éloge, que sa probité soit tres-distingué, neanmoins ladite Bellebarbe & Loubet qui regardent avec soûmission toutes ses décisions pour ne pas blesser sa dignité & son caractere éminant, toûjours digne de refpect, fe fentent obligez de faire cette explication, n'imputant le mal jugé de fadite Ordonnance, qu'à l'effort de la furprife qui lui a efté faite, de laquelle il n'y a pas de Juge qui s'en peut garentir.

Le dixiéme, qu'au defir de lad. Ordonn. led. Nori a dû commencer par affirmer le môntant des fommes qu'il fuppofoit que ledit de Jouy lui avoit empruntées pour ladite femme Duvau, & ne les a pû recevoir ni remettre ladite Vaiffelle, fans avoir fait au préalable ladite affirmation.

Le onziéme, que ledit Nori n'ayant jamais fait ni efté en état de faire aucun prest audit feu de Jouy dont il eftoit débiteur, ni pour lui ni pour ladite femme Duvau, n'en pouvant juftifier d'aucun, ni d'aucune demande ni condamnation. Comment peut-il avoir receu des interefts ni de frais, & comment & fur quel fondement a-t-il remis ladite Vaiffelle audit Duvau, puifque ladite Ordonnance ne le prononce pas, & pourquoi n'a-t-il pas remis aprés avoir receu dudit Duvau lefdites fommes par lui fuppofées preftées pour fa femme audit de Jouy lefdites Lettres & Billets de change, ainfi qu'il la offert audit Sieur Lieutenant Civil & que fadite Ordonnance le prononce; pourquoi n'a-t-il pas auffi remis ladite obligation de 950 liv. dont il a abandonné la faufe prétention qu'elle lui appartenoit, & dont fon indûë détention caufe à ladite Bellebarbe & Loubet le préjudice & le dommage le plus irréparable, d'autant que nonobftant qu'elle contienne que les 950 liv. y portés ont efté employez au payement de pareille fomme dûë par ledit Duvau à la Dame de Bourdeaux, laquelle au moyen du payement qui lui a efté fait d'iceux, par le pere dudit Nori qui preftoit fon nom audit feu de Iouy a fubrogé ledit Nori ou plûtoft ledit de Iouy en tous fes droits & hypoteque; neanmoins les Maifons & Chantiers du Fauxbourg S. Antoine appartenant à ladite Communauté, font en faifie réelle fous le nom & à la requefte de ladite Dame de Bourdeaux pour le prétendu payement des mêmes 950 l. acquitez, & faute de la remife de ladite obligation; il n'a pû eftre encore fait prononcer fur la main-levée de ladite faifie réelle.

Moyens de ladite Bellebarbre & Loubet contre le jugé de la Sentence de compte du 10 Mars 1704, aux chefs qui leur font préjudice.

PREMIER CHAPITRE DE RECETTE
compofé de trois articles.

Cette Sentence dit *que les fommes mentionnées aufdits trois articles reviennent enfemble à celle de 2534 l. 1 f. 10 d. qui fera déduite & imputée fur celle de 54000 liv. de laquelle les interefts cefferont à proportion, du 14 May 1686, jour de la derniere vaccation de l'inventaire fait aprés le decés de ladite Anne Boyard.*

Le grief fait à ladite Bellebarbe & Loubet eft, qu'il leur a dû eftre fait recette de 5068 l. 3 f. 6 d. & non pas de la fomme de 2534 l. 1 f. 10 d. qui n'en fait que moitié, d'autant que lor. de la Sentence du 19 Aouft 1695, lefdits heritiers ayant déclaré que moyennant le payement defdits 54000 l. & interefts portez par ledit contrat de mariage; ils abandonnoient à ladite Bellebarbe tout le furplus des effets de ladite Communauté, en confequence de quoi ladite Sentence auroit ordonné que ledit contrat de mariage & donation faite par icelui audit feu de Jouy, par ladite Boyard, feroient executez, & que lefdits heritiers préleveroient fur les biens en queftion ladite fomme de 54000 l. en principal, & les interefts qui en font écheus le decez dudit de Jouy, & fait délivrance à ladite Bellebarbe du legs univerfel a elle fait, & en confequence ordonné qu'elle joüira tant comme creanciere que comme légataire univerfelle, du furplus des biens defdites fucceffions & Communauté fi aucuns reftent, lefdits heritiers payez defdits 54000 l. lefquels en execution de cette Sentence auroient fait fommation à ladite Bellebarbe de leur payer lefdits 54000 l. offrant de lui en donner quittance & de lui rendre compte des biens & effets de ladite Communauté & fucceffions, fans eftre par eux garends ni refponfables des debiteurs; furquoi ladite Bellebarbe leur ayant offert de leur payer en deniers lefdits 54000 liv. fi-bon leur fembloit, ou en effets de ladite Communauté, il feroit intervenu autre Sentence le 14 Septembre de ladite année 1695 qui auroit ordonné l'execution de la fufdite du 19 Aouft precedent & que ladite Bellebarbe payeroit aufdits heritiers

ritiers lesdits 54000 liv. en deniers, si-bon lui sembloit, ou en effets desdites successions, si-bon sembloit ausdits heritiers, & où ils déclareroient ne vouloir d'effets pour ladite somme de 54000 l. discution seroit faite d'iceux jusques à icelle à leur diligence, ensuite dequoy ayant commis lesdites soustractions, dissipa-
tions & dépradations, & ayant esté decretez pour raison de ce, ils auroient offert
à ladite Bellebarbe & Loubet de leur tenir compte sur lesdits 54000 liv. & interests à eux adjugez, de toutes les sommes que ledit feu de Jouy & elle pouvoient avoir receües des effets de ladite Communauté, même de ceux recellés
qui n'avoient pas esté inventoriez par ledit inventaire fait en 1686, après le décés de ladite Anne Boyard, & qui sont de dattes anterieures à icelui ; desquels
offres il auroit esté donné Lettres à ladite Bellebarbe & Loubet, par lad. Sentence du 22 Aoust 1697 qui ordonne l'execution des susdits, des 19 Aoust & 14
Septembre 1695, & consequemment il a dû estre fait recette à ladite Bellebarbe & Loubet de ladite somme totalle de 5068 l. 3 s. 8 d. & non pas de la moitié
d'icelle.

DEUXIE'ME CHAPITRE DE RECETTE.

Ladite Sentence dit *que le premier article dudit second Chapitre de recette demeure-*
ra accordé pour memoire ; le deux, pour 22 liv. faisant moitié de 44 liv. contenus en la
promesse du 18 Septembre 1674, demeurera accordé & le debat rayé ; les art. 3 & 4 con-
cernant le nommé Guimois, tirez l'un pour 50 l. & l'autre pour 45 l. demeureront accordez
& les débats rayez. L'art. 5. tirée pour 125 l. faisant moitié de 250 l. à cause de la pro-
messe du sieur Ioubert du 5 Decembre 1685, demeurera pareillement accordé & le débat
rayé, & seront lesdites sommes contenues ausd. 2 3 4 & 5 art. dudit second Chapitre de re-
cette aussi imputez avec les interests d'icelles à compter du jour du decez dudit de Jouy,
sur lesdits 54000 l. que les art. 6 & 7 tirez l'un pour 110 l. & l'autre pour 150 liv. ac-
cordez avec les interests & imputez sur lesdits 54000 l. & les debats rayez. L'art. 8. tirée
pour 90 l. faisant moitié de 180 l. à cause de la promesse du Sieur Saccaze, sera aussi accor-
dé pour la somme y contenue & interests d'icelle avec pareille imputation. Les art. 9 & 10
demeureront accordez pour les sommes de 100 l. d'une part, & 55 l. d'autre, avec les inte-
rests d'icelles & imputation comme dessus & les débats rayez. L'art. 11, tiré pour 30 l. Le
12, tiré pour 103 l. 11 s. 6 d. L'art. 13 pour 220 l. L'art. 14 pour pareille somme de 220 l.
& le 15, pour 75 l. demeureront aussi accordées pour lesdites sommes d'icelles & seront pa-
reillement imputez sur lesdits 54000 l.

Par les mêmes raisons & moyens établis cy-dessus contre lesdits trois articles du premier chapitre, il a dû estre ordonné qu'il seroit fait recette par lesdits heritiers à ladite Bellebarbe & Loubet du total de toutes lesdites sommes
énoncées ausdits articles, & non pas de la moitié d'icelles, lequel total monte à
2791 l. 3 s.

Ladite Sentence dit *qu'ayant égard au débat formé sur l'article 16, qui estoit tiré*
pour 672 l. 10 s. faisant moitié de 1345 l. 12 s. à la charge de reprise, qu'il demeurera accor-
dé purement & simplement, sans aucune reprise & le débat rayé ; & à l'égard de pareille
somme de 672 l. faisant moitié desdits 1345 l. 12 s. en sera fait compensation jusques à
concurrence, sur celle de 2500 l. dûe audit Colombier, par lesdits heritiers de Jouy, & en
ce qui regarde le billet de 2000 l. du 18 Septembre 1684, fait par ledit Duvau au profit
dudit de Jouy, & par lui cedé audit Colombier, il est déclaré estre un effet recellé de ladite
Communauté & appartenir à ladite Bellebarbe & Loubet, pour en poursuivre le recouvrement
contre la succession dudit Duvau, & lesdits heritiers de Jouy tenus de rendre le debiteur
aussi solvable qu'il estoit lors du decés de ladite Anne Boyard.

Les griefs que le jugé de cet article font à ladite Bellebarbe & Loubet sont
tres-sensibles. 1°. Ils ont un hypoteque exclusif sur les biens de la succession &
Communauté dudit de Jouy, du jour de son contrat de mariage avec ladite Anne
Boyard, & sesdits heritiers n'ont aucun droit sur iceux, leur qualité de beneficiaires ne leur permettant pas de compenser les sommes dûes à ladite Communauté, avec celles de leur dû personnel, & emprunts par eux faits en leur nom
depuis même le decez dudit de Jouy, leurs creanciers particuliers, ne pouvant
rien avoir ni prétendre sur la moitié de ladite Communauté qui estoit afferente
audit feu de Jouy, qui est le gage naturel & le seul recours de ladite Bellebarbe
& Loubet, pour l'autre moitié à eux afferente, & leur est affectée privati-

H

vement, même à tous les creanciers que ledit feu de Jouy pouvoit s'eftre faits depuis le decez de ladite Boyard fa femme; & à plus forte raifon à ceux de fefd. heritiers. 2°. Qu'au moyen des faifies faites par ladite Bellebarbe & Loubet és mains dudit Colombier, tant de tout fon dû à ladite Communauté que dudit Billet recellé, il n'a pû prétendre ni demander aucune compenfation, ni icelle avoir efté ordonnée avec les prefts qu'il fuppofe avoir pofterieurement faits aufdits heritiers, pour raifon defquels même ladite Sentence ne prononce aucune condamnation contr'eux envers ledit Colombier. 3°. Que ladite Sentence du 19 Aouft 1695, que lefdits heritiers difent eux-même paffer en force de chofe jugée portant que lefdits 54000 liv. à eux payez, tout le furplus demeure adjugé & déclaré appartenir à ladite Bellebarbe & Loubet : Et celle du 22 Aouft 1697, leur ayant donné Lettres des offres defdits heritiers de leur tenir compte fur lefdits 54000 liv. de toutes les fommes que ledit feu de Jouy & eux pouvoient avoir receuës des effets de ladite Communauté, & de ceux qui avoient efté par lui recellez; lefdits heritiers ont dû eftre condamnez de faire recette pure & fimple à ladite Bellebarbe & Loubet du total defdits 1345 l. 12 f. & intereft; enfemble defdits 2000 l. & interefts dudit Billet declaré recellé, demeurant juftifié d'icelui que ledit feu de Jouy a receu lefdits 2000 l. y contenus le 5 Juillet 1694; faifant lefdites deux fommes celle de 3345 l. 12 f.

Ladite Sentence dit *que l'art. 17 fera accolé avec l'art. 58 du même Chapitre, & que lefdits heritiers fe chargeront en recette purement & fimplement de la fomme de 4248 l. 15 f. 6 d. faifant moitié de celle de 8497 l. 11 f. 1 d. mentionnée au compte du 3 Juin 1686, avec les interefts du jour du decez dudit de Jouy.*

Pour l'éclairciffement des griefs effroyables faits à ladite Bellebarbe & Loubet par le jugé defdits articles, il eft important d'obferver :

1°. Que le 29 May 1686, à la fin de la derniere vacation dudit inventaire que ledit de Jouy auroit fait faire après le décès de fa femme, des effets de leur Communauté, il auroit declaré ou plûtoft fuppofé que dés l'année 1684, il avoit prefenté fon compte aud. Duvau du maniment & derniers payemens qu'il a faits en qualité de fon Commis, aux Officiers de la feuë Reine; lequel compte n'avoit pû eftre arrefté entr'eux, quoique lui de Jouy l'ait follicité plufieurs fois de l'examiner & arrefter pour eftre inventorié par ledit inventaire; proteftant de le rapporter pour l'eftre par addition après l'examen & arrefté d'icelui.

2°. Que le 8 Juin enfuivant il auroit efté chez ledit de Forges Notaire, qui l'avoit fait, & dit que pour fatisfaire à fadite declaration, il reprefente l'original en papier d'un compte par lui prefenté audit Duvau en qualité de fon Commis de la recette & dépenfe par lui faite, prefenté le 4 Decembre 1684, arrefté par ledit Duvau le 3 dudit mois de Juin 1686, par lequel il paroift que la dépenfe excede la recette defdits 8497 l. 11 f. 1 d. laquelle demeure indécife, attendu, fuppofe-t-il, qu'il y a quelques billets & comptes à éclaircir, à quoi fera procedé inceffamment & ajoûte qu'il eft compris dans ladite fomme; celle de 2821 l. 7 f. concernant le fieur de la Morliere, comme il appert du dernier article de dépenfe, de laquelle ledit de Jouy eft chargé par certification faite à fon profit par ledit de la Morliere fous l'art. 17 dudit inventaire.

3°. Que l'intitulé de ce compte fimulé frauduleux & antidaté, eft pour compter par ledit de Jouy audit Duvau de la recette & dépenfe qu'il a faite, tant fur la recette generale de Tours, Maifon de la feuë Reine, qu'autres affaires particulieres depuis le dernier Aouft 1683, jufques audit jour 4 Decembre 1684, & par ladite déclaration faite par ledit de Jouy à la derniere vacation dudit inventaire. Il dit au contraire que ledit compte n'eft feulement que du maniment & derniers payemens qu'il a faits aux Officiers de la Reine.

4°. Qu'il eft notoire & juftifié cy-deffus que le decez de la Reine eft arrivé au mois d'Aouft 1683; que dés ce moment la charge dudit Duvau de Treforier de Sa Majefté avoit demeuré éteinte, que le 22 Octobre de la même année il avoit vendu celle de Receveur general des Finances, que ledit de Jouy lui avoit rendu tous fes comptes concernant fes recettes & manimens defdites Charges, depuis 1660, jufques & inclus ladite année 1683, par lefquels ledit Duvau lui eftoit demeuré reliquataire & debiteur de 152000 liv. de ceux concernant lad. Charge de Treforier de la Reine, & de 84899 l. d'une part, & 33198 l. d'autre, concernant celle de Receveur general des Finances, comme il demeuroit prouvé par lesdits comptes.

5°. Que les Officiers de la Reine ayant vû sa mort, & la faillite dudit Duvau, ne sçachant quand, ni comment ils pourroient estre payez de leurs gages de ladite année, auroient esté proposer audit de Jouy, que s'il vouloit s'en accommoder, ils lui en feroient bonne composition, & lui fourniroient leurs quittances & leurs transports pour son remboursement; il n'en auroit pas échapé l'occasion, & moyennant les payemens qu'il leur auroit faits en deniers comptans, ils lui auroient fourni les quittances & transports de leurs gages & gratifications pour 180000 liv. & comme ces effets actifs avoient tous esté recellez par ledit de Jouy lors dudit decés de sa femme, & qu'il lui estoit impossible de les pouvoir changer de nature ni d'en couvrir le recellé que par le secours dudit Duvau, il auroit dans cette mauvaise veuë fait ladite fausse déclaration, ensuite de ladite derniere vacation; qu'il avoit dés le mois de Decembre 1684, presenté audit Duvau ledit compte, bien qu'il n'eût lors d'existance que dans la malignité de son idée, n'ayant esté ni minuté ni fabriqué, comme il se prouve du titre & des faux emplois qui composent toute la recette d'icelui.

6°. Que le titre de ce compte frauduleux, simulé & antidaté, prouve la fausseté des 15 art. qui composent toute la recette d'icelui; il contient qu'il a esté presenté & affirmé par ledit de Jouy le 4 Decembre 1684, pour compter audit Duvau de la recette & dépense qu'il a faite pour lui, tant sur la recette des Finances, Maison de la Reine, qu'autres affaires particulieres, depuis le dernier Aoust 1684, jusques au 4 Decembre de la même année; & cependant tous les articles qui composent toute la recette de ce faux compte sont dattez depuis le dernier Aoust 1683, jusques au 3 Decembre de la même année, qui est un an entier auparavant; & sont composez des mêmes causes & sommes dont ledit de Jouy a compté & fait recette audit Duvau par lesdits comptes qu'il lui a rendus depuis 1660, jusques & inclus 1683, par lesquels est porté que ces mêmes pieces énoncées dans lesdits quinze articles de la fausse recette dudit compte antidatté, ont esté, comme il est de l'usage, remises & ont resté en la possession dudit Duvau, & consequamment la fraude & la fausseté de ladite supposée recette ne peut estre plus manifeste, plus énorme, plus grossierement conceuë, ni plus parfaitement averée & convaincuë.

7°. Qu'il est d'un principe aussi certain que naturel, que quand il n'y peut pas avoir de chapitre de recette dans un compte, il ne peut encore moins y en avoir de dépense; & que ce qu'on y employe sans aucune recette n'est qu'un remboursement & payement qu'on demande à celui pour lequel l'on l'a avancé & payé à son acquit; comme doit estre les sommes contenuës dans les quarante-six articles, dont le faux chapitre de dépense dudit compte est composé de tous lesquels en general il se prouve & demeure invinciblement justifié. En premier lieu, que la fausseté de ceux de la recette a esté commise dans le pernicieux dessein d'en masquer celle de ceux de la dépense, & les transformer en autant de dettes passives de la Communauté, pour s'approprier autant des actives d'icelle & en frustrer les heritiers de sa femme; en second lieu, que tous les titres & pieces qui justifient le montant du dû des sommes fournies & payemens faits en l'acquit dudit Duvau par ledit de Jouy ausdits Officiers de la Reine; leurs quittances & transports des sommes qu'il leur a fournies, énoncées dans tous lesdits articles de cette supposée dépense; cette illusion & fausse lueur, sont non-seulement restées entre les mains & en la possession dudit de Jouy, & ledit Duvau les a faites inventorier lui-même aprés son decez, mais encore elles sont la plus grande partie produites par lesdits heritiers dans ladite instance de compte, & consequamment rien de plus manifeste que la fausse apparence, le chimere & la vision dudit Chapitre de dépense, qui ne peut fassiner les yeux de la Cour ni obscurcir ses lumieres. En troisiéme lieu, que les dattes de la plus grande partie desdits titres & pieces, & payemens des sommes y contenues, sont des années 1685 & 1686, dix-huit mois aprés la presentation & affirmation d'icelui; ce qui prouve plus clair que le jour la fraude, la simulation, la fausseté & l'antidatte dudit compte, presentation & affirmation d'icelui.

8°. Que l'art. 46 & dernier dudit compte antidaté, qui est le seiziéme dudit compte des effets de ladite Communauté, est conceu en ces termes.

De la somme de 2821 liv. 7 ſ. pour reſte d'une aſſignation ſur le ſieur de la Morliere Receveur general des Finances d'Alançon, de la ſomme de 19570 liv. 10 ſ. pour partie de l'extraordinaire de la Maiſon de la Reine, du quartier d'Avril 1701 ; de laquelle aſſignation ledit de Jouy eſt chargé envers ledit Duvau, laquelle ſomme de 2821 liv. 7 ſ. ledit de Jouy n'a pû recouvrer dudit de la Morliere, comme il appert de ſa certification.

Qu'il n'y a jamais eu de fraude, d'artifice ni de mal-façon ſi groſſierement conceus par pluſieurs raiſons auſſi ſenſibles qu'évidentes ; la premiere, qu'il eſt vulgaire & connu à tout le monde que les Gardes du Threſor Royal, ſur les payemens qu'il leur eſt ordonné de faire, donnent à ceux qui les doivent recevoir des quittances pour en aller recevoir le montant des Thréſoriers Receveurs Generaux, Traitans & autres, qui leur en doivent fournir les fonds ; que ceux auſquels ils baillent leſdites quittances, en reçoivent le montant ſur la ſimple remiſe d'icelles, à ceux au profit deſquels elles ſont faites, quelquefois en entier, ſi les fonds s'en trouvent preſts, d'autres à pluſieurs fois ; & quand il y a du temps à attendre, les porteurs deſdites quittances les negocient & en font des remiſes pour avoir de l'argent contant, ſuivant que leurs beſoins les preſſent ; que ſuivant cet uſage, un particulier auquel le ſieur de Bertillac avoit fourni ladite quittance de 19570 l. 19 ſ. le 14 Mars 1672, au profit dudit de la Morliere, dans le beſoin preſſant qu'il avoit d'argent auroit eſté audit de Jouy qu'il ſçavoit avoir de gros fonds & eſcompter ces ſortes de quittances, qui la lui auroit eſcomptée ; & au mois de Juillet 1673, ledit de Jouy ayant receu ſur icelle dudit de la Morliere 14749 l. 3 ſ. il lui auroit remis ladite quittance, & au bas de la coppie d'icelle ledit de la Morliere lui auroit donné ſa reconnoiſſance portant qu'il lui en avoit remis l'original & promeſſe de payer audit de Jouy les 4821 l. 7 ſ. reſtans ; & le 22 Octobre 1676, il lui auroit payé ſur iceux 2000 liv. qu'il auroit endoſſé ſur ladite reconnoiſſance, & conſequamment viſiblement faux & ſuppoſé, que cette quittance fut une aſſignation pour partie des extraordinaires de la Maiſon de la Reine du quartier de Juillet 1671, ni qu'elle y eut rien de relatif eſtant du 14 Mars 1672, poſterieure de plus d'un an. La deuxiéme, que ce qui confond d'autant plus cette ſuppoſition & celle que ledit de Jouy en fut chargé envers ledit Duvau, eſt le ſuppoſé chap. de recette dud. compte antidatté, dans lequel il n'en eſt fait aucune mention, & il ne peut pas eſtre employé en dépenſe ; un effet dont on ne s'eſt pas chargé en recette. La troiſiéme, que ce qui manifeſte encore, & fait toûjours voir l'excés de fraude, ſimulation & antidatte dudit compte, eſt que s'il avoit eſté preſenté & affirmé par ledit de Jouy le 4 Decembre 1684, comme il la fauſſement ſuppoſé par ſadite declaration aprés la derniere vacation dudit Inventaire, ladite reconnoiſſance dudit de la Morliere ne ſe ſeroit pas trouvée ſous le ſcellé, & ledit de Jouy ne l'auroit pas faite inventorier ſous la cotte 17, puiſque la regle inviolable eſt qu'en remettant un compte affirmé, on remet toutes les pieces juſtificatives de la recette & dépenſe. La quatriéme, que ſi ledit de Jouy en avoit eſté chargé envers ledit Duvau, comme il le ſuppoſe fauſſement, il n'auroit pas manqué de le declarer ſur l'inventorié qu'il a fait faire d'icelle, comme un effet actif de ſa Communauté, & d'exprimer les païemens qu'il avoit receus ſur icelle. La cinquiéme, que s'il avoit eſté veritable qu'il eût eſté chargé de ladite quittance envers ledit Duvau, il n'en auroit pas remis l'original audit de la Morliere, & ne ſe ſeroit pas fait faire à ſon nom & à ſon profit ladite promeſſe de 4821 l. 7 ſ. reſtant à païer du montant d'icelle. La ſixiéme, qu'il eſt viſible que ladite reconnoiſſance & promeſſe aïant échapé à ſa ſouſtraction & ſe voiant dans l'impoſſibilité de la pouvoir changer de nature, croiant d'en pouvoir fruſtrer les heritiers de ſa femme, l'auroit fauſſement emploiée en dépenſe audit Duvau par le dernier article dudit compte.

Le neuviéme, ledit compte porte enſuite

Somme total de la dépenſe	172566 liv. 19 ſ. 1 d.
Et la recette eſt de	164069 l. 8 ſ. 9 d.

Partant la dépenſe excederoit la recette de la ſomme de 8497 l. 11 ſ. 1 d. laquelle demeure indéciſe, attendu qu'il y a quelques Billets & comptes à éclaircir & à faire, à quoi il ſera procedé inceſſamment.

Le

Le dixiéme, que nonobſtant tous ces fondemens ſi ſolides, ſi puiſſamment établis dans le fait & dans le droit, les Juges dont eſt appel ayant fermé les yeux
à la lumiere, ont par le jugé deſdits articles 17 & 18, fait violence à toutes les
regles de la Juſtice, & quatre griefs également effroyables à ladite Bellebarbe
& Loubet.

Le premier, en ce que leſdits 2821 l. 7 ſ. reſtans à payer de ladite reconnoiſſance eſtant une dette active de ladite Communauté faite inventorier comme
telle par ledit de Jouy, ſous ladite cotte 17, n'a, ni ſe peut avoir rien de relatif ni de connexe avec ledit compte ſimulé & antidaté, & les Juges dont eſt
appel n'ont pû ſe diſpenſer de condamner leſdits heritiers, d'en faire recette
pure & ſimple à ladite Bellebarbe & Loubet, & d'ordonner qu'ils demeureroient
imputez ſur leſdits 54000 liv. avec les intereſts du jour du decez dudit de Jouy,
conformément aux offres deſdits heritiers, & comme ils l'ont jugé ſur les articles precedens.

Le ſecond, que ledit de Jouy ayant pareillement fait inventorier leſdits 8497 l.
11 ſ. 1 d. du reliqua dudit compte frauduleux, ſimulé & antidaté ſous la cotte 51
dudit inventaire, comme autre dû & effects actifs de ladite Communauté, leſd.
Juges n'ont pareillement pû ni dû ſe diſpenſer de condamner leſdits heritiers, d'en
faire recette pure & ſimple à ladite Bellebarbe & Loubet, & d'ordonner de
même qu'ils demeureroient imputez ſur leſdits 54000 liv. avec les intereſts du
jour du decez dudit de Jouy conformément à leurs offres portées par ladite Sentence du 22 Aouſt 1697, & ſuivant celle du 19 Aouſt 1695, & par les autres raiſons & moyens établis cy-deſſus, contre les articles du premier Chapitre de recette.

Le troiſiéme, que leſdits 164069 l. 8 ſ. 9 d. de la dépenſe de ce compte ſimulé & antidaté, qui fait avec les articles rayez 166946 l. 6 ſ. 9 d. ont dû eſtre déclarez effets recellés, & leſdits heritiers privez de rien avoir ni prétendre, &
condamnez de rendre le debiteur auſſi ſolvable, tant pour les principaux, qu'intereſts qu'il pouvoit eſtre lors du décés de ladite Anne Boyard.

Le quatriéme, que leſdits Juges ont auſſi dû ordonner que leſdits heritiers
tiendroient compte à ladite Bellebarbe & Loubet deſdits 166946 l. 6 ſ. 9 d. avec
les intereſts du jour du décés de ladite Anne Boyard, imputer & compenſer ſur
icelle le reſtant deſdits 54000 l. & attendu qu'elle l'excede de 124151 l. 5 ſ. 5 d.
condamner leſdits heritiers d'en faire le payement à ladite Bellebarbe & Loubet, avec les intereſts du jour dudit decez de ladite Boyard, qui font enſemble
juſques à ce jour 254509 l. 16 ſ. 5 d.

Ladite Sentence dit *que les art. 18 & 19, tirez, ſçavoir le 18, pour 1077 l. faiſant
moitié de 2154 l. & le 19, pour 1345 l. 3 ſ. faiſant moitié de 2690 l. 6 ſ. demeurerent accordez & les débats formez ſur iceux rayez.*

Les griefs que le Juge de ces articles fait à ladite Bellebarbe & Loubet ſont
étranges, leſdits heritiers ayant dû eſtre condamnez de leur faire recette pure
& ſimple du total de la ſomme principale de 5225 l. portée par les obligations
& actes de cautionement énoncées en l'art. 18, avec les intereſts du jour du decez dudit de Jouy, par les mêmes raiſons & ſur le même fondement établi contre les art. du premier chapitre de recette; & ſur celui qu'il eſt faux & ſuppoſé qu'il eût eſté fait aucun payement audit de Jouy ſur ladite ſomme principale, avant le decez de ladite Anne Boyard, que la déclaration qu'a fait ledit de
Jouy ſur cet art. d'en avoir receu pluſieurs eſt fauſſe, remplie de dol, fraude &
mauvaiſe foy, dans le pernicieux deſſein de s'approprier indûment les ſommes
qu'il ſuppoſe par ladite déclaration lui avoir eſté payées, & en fruſtrer les heritiers de ladite Boyard, ſadite déclaration ne pouvant faire aucune foy, ni me-
riter aucune croyance ni conſideration; ledit de Jouy eſtant convaincu de parjure & de recellé le plus qualifié qui ait jamais eſté commis, joint que s'il avoit
eſté veritable qu'il eût receu les payemens qu'il a ſuppoſé lui avoir eſté faits ſur
ladite obligation, ils ſe ſeroient trouvez endoſſés ſur icelle, eſtant d'une aſſez
groſſe conſideration pour cela, & les debieurs n'auroient pas manqué de s'en
faire donner des quittances & décharges pardevant Notaire, pour les fournir à
leurs cautions, que de plus la mauvaiſe foy de ladite déclaration demeure convaincuë par le Livre journal dudit de Jouy par lequel il ſe juſtifie qu'il n'a rien
receu de ladite obligation qu'en 1687, que les payemens ont commencé de lui

I

en eftre faits, que par les mêmes raifons, lefdits heritiers ont dû eftre condamnez de faire recette pure & fimple à ladite Bellebarbe & Loubet de la fomme principalle de 3300 l. portée par l'obligation énoncée en l'art. 19 avec les interefts du jour du decez dudit de Jouy, la fauffeté de fa déclaration d'avoir receu fur le principal de ladite fomme celle de 609 l. 14 f. eftant convaincuë par deux actes publics.

Le premier, du 4 Aouft 1688, par lequel il quitte René Thieret du cautionnement & obligation folidaire qu'il a contractée à fon profit avec Jean-Baptifte Thieret & Françoife de Varin de lad. fomme de 3300 l. n'entendant de jamais faire demande ni pourfuite pour raifon defdits 3300 liv. contre ledit René Thieret, fe refervant de s'addreffer directement audit Gafton, Jean-Baptifle Thieret & Françoife de Varin pour le payement defdits 3300 l. portez par ladite obligation à laquelle il n'entend aucunement déroger ni innover, ni aux hypoteques à lui acquis en vertu d'icelle: & confequamment vifiblement faux qu'il lui eût efté fait aucun payement fur le contenu de ladite obligation avant le decez de ladite Anne Boyard. Par le fecond, du 5 Mars 1693, ledit de Jouy reconnoift d'avoir efté payé par ledit Gafton & Jean-Baptifle Thieret de ladite fomme de 3300 l. pour le contenu en ladite obligation dont il le quitte & fes cautions, & lui délivre ladite obligation comme acquittée, & au moyen de ce, ledit de Jouy par acte féparé, dont il n'eft point refté de minutte, fait retroceffion aud. Thieret de la fomme de 1100 l. & interefts d'icelle, dûs & échûs, au bas du tranfport qu'il lui en avoit fait le 4 Aouft 1688, & ainfi la fraude & la fauffeté de cette feconde déclaration ne peut eftre mieux convaincuë, faifant lefdites deux fommes principalles & interefts celle de 13640 l.

Ladite Sentence dit *que l'art.* 20, *tiré pour* 185, *demeurera auffi accordé & le débat rayé.*

Ladite Bellebarbe & Loubet foûtiennent que lefdits heritiers ont du eftre condamnez de leur faire recette pure & fimple du total de la fomme principalle de 371 l. portée. par la promeffe énoncée audit art. avec les interefts du jour du decez dudit de Jouy, qui font enfemble 593 l. 12 f. par les mêmes raifons & moyens établis contre lefdits articles du premier chapitre de recette.

Ladite Sentence dit *fur l'art.* 21 *que lefdis heritiers fe chargeront de* 2200 l. *faifant moitié de* 4400 l. *fauf à les mettre en reprife.*

Ladite Bellebarbe & Loubet foutiennent que lefdits Juges ont deu abfolument condamner lefdits heritiers de leur faire recette pure & fimple du total defdits 4400 liv. portez par l'obligation énoncée en l'art. avec les interefts du jour du decez dudit de Jouï, faifant enfemble 7040 liv. non-feulement par les mêmes raifons & moïens établis contre le Juge defdits articles 18 & 19, mais encore que la mauvaife foi & la fauffeté d'autre déclaration faite par ledit de Jouï qu'il n'eftoit plus deu de ladite obligation que 120 l. demeure prouvée & convaincuë par lui-même, s'eftant trouvé après fon decez la minute de ladite obligation, fans aucun paiement endoffé fur icelle, & dix Lettres des debiteurs y attachées avec un mémoire écrit de la main dudit de Jouï en datte du 14 Octobre 1690, portant que ce jour-là déduction faite du paiement de 139 l. 4 f. 9 d. qu'il avoit receu le 18 Mars precedant, il lui reftoit encore deu de ladite obligation 2472 l. 4 f. & confequamment manifeftement faux qu'il ne fût plus dû lors du decès de fa femme que 120 l. de ladite obligation, & abfurde aux Juges dont eft appel, d'avoir au préjudice de ce, & de la preuve qui refulte du Livre Journal dudit de Jouy d'avoir receu lefdits 2472 l. reftans de ladite obligation au mois de Mars 1694 ordonne que lefdits heritiers fe chargeroient feulement de 2200 l. fauf à les mettre en reprife, ce qui eft contre toute forte d'équité & de raifon.

Ladite Sentence dit *que les* 22 & 23 *articles dudit chapitre, tirez, l'un pour mil liv. faifant moitié de* 2000 liv. & *faute pour* 200 liv. *faifant moitié de* 400 liv. *demeureront accordez & les débats rayez. fauf à débattre la reprife ou les dettes en queftion ne feroient pas exigibles à caufe des prefcriptions acquifes, faute de pourfuites & diligences, & décrets intervenus faute d'oppofitions.*

Ladite Bellebarbe & Loubet foûtiennent que lefdits heritiers ont dû eftre condamnés de leur faire recette pure & fimple du total defdites fommes principales, avec les interefts du jour du decès dudit de Jouy, faifant enfemble la fomme de 3240 liv. par les mêmes raifons & moyens établis contre lefdits articles du premier chapitre de recette, & que de plus les debiteurs font morts & leurs biens ont efté decretez & vendus fans oppofition.

Ladite Sentence dit *qu'ayant égard au débat formé par ladite Bellebarbe & Loubet fur le 24. art. que lefdits heritiers feront tenus de charger purement & fimplement fans aucune reprife de la fomme de 1620 liv. contenuë aux obligations y mentionnées & des interefts d'icelle du jour du decez dudit de Jouy, faute de les rapporter.*

Ladite Bellebarbe & Loubet foûtiennent que lefdits heritiers ont dû eftre condamnez de leur faire recette pure & fimple du total defdites fommes principales portées par lefdites obligations montant à 3240 liv. & avec les interefts à 5184 liv. non-feulement par les raifons & moyens établis contre le jugé des art. du premier chapitre de recette & contre les 18 & 19 precedens, mais encore par ce que ledit de Jouy a receu lefdits 3240 l. avant fa mort & rendu lefd. obligations aux débiteurs.

Ladite Sentence dit *que l'art. 25 tiré pour 500 liv. faifant moitié de mille liv. à la charge de reprife, demeurera aufi accordé & le debat rayé.*

Ladite Bellebarbe & Loubet foûtiennent que lefdits heritiers ont dû eftre condamnez de leur faire recette pure & fimple des fommes principales, portées par les titres & pieces énoncées dans ledit art. qui montent à 19569 liv. & avec les interefts à 31310 l. 8f. non-feulement par les raifons & moyens établis contre le jugé defdits art. du premier chapitre de recette, mais à caufe des prefcriptions acquifes faute de pourfuites & diligences, mort des débiteurs & décrets intervenus faute d'oppofitions.

Ladite Sentence dit *que l'art. 26, tiré pour 300 liv. faifant moitié de 600 liv. à la charge de reprife, demeurera aufi accordé & le debat rayé.*

Ladite Bellebarbe & Loubet foûtiennent que lefdits heritiers ont dû eftre condamnez de leur faire recette pure & fimple du total de ladite fomme de fix cens liv. portée par l'obligation énoncée en l'article & des interefts, qui font enfemble 960 l. par les mêmes raifons & moyens defdits articles du premier chapitre de recette, & par la prefcription de ladite obligation, faute de diligences, eftant de 1672, la mort des débiteurs & les decrets faute d'oppofitions.

Ladite Sentence dit *que l'art. 27 demeurera accordé pour mémoire, ainfi qu'il a efté tiré & le débat rayé, & les pieces mentionnées en l'article, déclarées appartenir aux heritiers de ladite Anne Bayard & feront mifes és mains de ladite Bellebarbe & Loubet.*

Ladite Bellebarbe & Loubet foutiennent que lefdits heritiers ont dû eftre condamnez de leur payer les arrerages des rentes mentionnées aufdites pieces, montant à 4550 l. à raifon de 350 l. par an depuis le decez dud. de Jouy, lefd. arrerages eftant prefcrits faute de pourfuites & diligences & de leur avoir remis lefdites pieces.

Ladite Sentence dit *que l'art. 28, qui eftoit tiré pour mémoire, fera reformé & tiré pour la fomme de 3000 liv. faifant moitié de celle de 6000 l. à la charge de reprife.*

Ladite Bellebarbe & Loubet foutiennent que lefdites heritiers ont dû eftre condamnez de leur faire recette pure & fimple du total defdits 6000 l. & des interefts, qui font enfemble 9600 l. pour les raifons & moyens defdits articles du premier chapitre, par les prefcriptions, faute de pourfuites, mort des debiteurs & decrets intervenus faute d'oppofitions.

Ladite Sentence dit *que l'art. 29, tiré pour 5000 l. faifant moitié de 10000 l. contenuë en l'obligation du nommé Artus, demeurera accordé & le debat rayé, fauf à debattre la reprife en cas que la dette ne foit exigible à caufe des prefcriptions, faute de pourfuites & diligences, ou decret intervenus faute d'oppofition.*

Ladite Bellebarbe & Loubet foutiennent que lefdits heritiers ont deu eftre condamnez de leur faire recette pure & fimple du total defdits 10000 l. & des interefts qui font enfemble 16000 l. par les raifons precedentes, parce que l'obligation qui eft de 1667, eft prefcrite faute de diligences, par la mort des debiteurs, & par les decrets intervenus, faute d'oppofition.

Ladite Sentence dit *que l'art. 30 fera accordé pour la fomme de 1000 l. faifant moitié de celle de 2000 l. y mentionnée, & pour les interefts d'icelle, à compter du jour du decez dudit de Jouy.*

Ladite Bellebarbe & Loubet foutiennent que lefdits heritiers ont deu eftre condamnez de leur faire recette pure & fimple du total defdits 2000 l. & interefts, qui font enfemble 3200 liv. par les raifons & moyens établis contre le jugé defdits article du premier Chapitre de recette.

Ladite Sentence dit *que l'art.* 31 , *demeurera accordé pour mémoire, ainfi qu'il a efté tiré.*

Ladite Sentence dit *que fans s'arrefter à la Requefte de ladite Bellebarbe & Loubet du 25 Avril 1702 , les art.* 32 & 33 , *feront accolez & tirez purement & fimplement pour* 300 *liv. & encore pour moitié de 15 l. par chacun an , depuis le decez dudit de Jouy.*

Ladite Bellebarbe & Loubet foutiennent que la Maifon énoncée dans l'art. 32 , appartenant à la Communauté, a dû leur eftre adjugée en entier avec les loyers, depuis le decez dudit de Jouy, qui montent à 360 liv. à raifon de 30 l. par an, fur le pied de 600 liv. du prix de l'acquifition, par les raifons & moyens établis contre le jugé defdits articles du premier chapitre de recette.

Ladite Sentence dit *que l'art.* 34 , *tiré pour* 1179 *l.* 4 *f.* 6 *d. faifant moitié de* 2558 *liv.* 9 *f. reftant à payer du contenu en douze promeffes & obligations, inventoriées fous la cotte* 31 , *de l'inventaire fait après le decez de ladite Anne Boyard , demeurera accordé & le debat rayé; fauf en jugeant la reprife , de faire attention fi les dettes mentionnées en l'article font devenuës caduques, par prefcription, faute de pourfuites, & par decret faute d'oppofition.*

Ladite Bellebarbe & Loubet foutiennent que lefdits heritiers ont deu eftre condamnez de leur faire recette pure & fimple des fommes totales portées par lefdites obligations & promeffes qui montent à celle de 3158 l. 9 f. & font avec les interefts 4952 l. 16 f. non-feulement par les raifons & moyens établis contre les articles dudit premier chapitre, & les 18 & 19 du prefent ; mais encore parce que toutes lefdites promeffes & obligations font prefcrites & caduques, faute de diligences ; la datte d'icelle la plus reffente eftant de 1668 , joint à ce la mort des debiteurs, & les decrets intervenus, faute d'oppofitions.

Ladite Sentence dit *que l'article* 35 *demeurera accordé pour memoire & le debat rayé.*

Ladite Sentence dit *que l'article* 36 , *qui eft tiré pour mémoire, fera reformé & tiré pour* 27 *l.* 10 *f. & interefts d'icelle, fuivant les offres defdits heritiers, portées par leurs foutenemens.*

Ladite Bellebarbe & Loubet foutiennent que lefdits heritiers ont deu eftre condamnez de leur faire recette pure & fimple de 55 l. & des interefts, qui font enfemble 88 l. par les raifons & moyens precedans.

Ladite Sentence dit *que l'art.* 37 *eft accordé & tiré pour* 22 *l.* 10 *f. purement & fimplement , & le debat rayé.*

Ladite Bellebarbe & Loubet foutiennent que lefdits heritiers ont deu eftre condamnez de leur faire recette pure & fimple de 300 l. & interefts, qui font enfemble 470 livres pour la valeur de la Montre à boëte d'or, mentionnée dans l'article, icelle ayant efté prife par l'un defdits heritiers lors de l'inventaire, & n'ayant point efté venduë comme il eft fauffement fuppofé par icelui.

Ladite Sentence dit *que l'art.* 38 , *demeurera accordé pour mémoire, fauf à y eftre fait droit fur les demandes formées contre lefdits heritiers, concernant les titres & pieces renduës audit Duvau & fa femme.*

Ladite Sentence dit *que fur les art.* 39 & 40 , *concernant ce qui eft dû par Henri Houffeu & fa femme, feront accolez, reformez, accordez & tirez pour moitié de* 1479 *liv.* 16 *f. purement & fimplement, & fe chargeront auffi lefdits heritiers pour moitié des autres fommes mentionnées audit article, à la charge de reprife.*

Ladite Bellebarbe & Loubet foutiennent que lefdits heritiers ont deu eftre condamnez de leur faire recette pure & fimple de 2600 liv. portée par l'obligation du 20 Nov. 1670 , & déclaration dudit de Jouy enfuite de l'inventorié d'icelle, avec les interefts d'icelle, depuis le decez dudit de Jouy, faifant 4160 liv. d'une part, & de la fomme de 1980 liv. d'autre, contenuë aux trois obligations dudit Houffeu & fa femme, des 17 Juillet, 9 Septembre & 6 Oct. 1673, declarées eftre effets recellez par ledit de Jouy, par ladite Sentence du 22 Aouft 1697 & interefts d'icelles adjugez par Sentence du 10 Juillet 1697 , faifant toutes lefdites fommes principalles & interefts celle de 9302 liv.

Ladite Sentence dit *que l'art.* 41 , *tiré à la charge de reprife , pour* 2000 *liv. faifant moitié de* 4000 *liv. demeurera accordé & le debat rayé , fauf en jugeant la reprife de juf-*
tifier

tifier que le défaut d'oppofitions aux decrets & de diligences ayent donné lieu a la prefcription.

Ladite Bellebarbe & Loubet foutiennent que lefdits heritiers ont deu eftre condamnez de leur faire recepte pure & fimple du total defdites 4000 l. & interefts, du jour du decez dudit de Jouy, qui font enfemble 6400 l. par les raifons & moyens établis contre le juge des art. du premier Chapitre de recepte, par la mort des débiteurs & decrets intervenus faute d'oppofitions.

Ladite Sentence *dit que l'art. 42. tiré pour 400. l. faifant moitié de 800. l. demeurera accordé avec les interefts du jour du décès dudit de Jouy.*

Ladite Bellebarbe & Loubet foutiennent que lefdits heriters ont deu eftre condamnés de leur faire recepte defdites 800. liv. & interefts qui font enfemble 1180 liv. par les raifons & moyens eftablis contre le Juge defdites art. du premier Chapitre de recepte.

Ladite Sentence *dit que l'art. 43. tiré à la charge de reprife pour la fomme de 1294 l. 13f. 4 d. faifant motié de 2589 l. 6 f. 8 d. à caufe des promeffes inventoriées fous la cotte 39 de l'Inventaire fait après le decez de ladite Anne Boyard, fera reformé & tiré, Sçavoir pour 664 l. purement & fimplement pour moitié de 1328 l. 13 f. 4. d. à quoy monte le contenu en cinq billets, non rapportez, & pour les interets qui en font échus depuis le decez dudit de Jouy; & à l'égard des trois autres non rapportez, lefdits heritiers feront tenus de fe charger en recepte de la fomme de 550 l. faifant moitié de 1100 l. à quoy ils montent auffi fans aucune reprife, & à l'égard du billet du 17 Juillet 1683. fe chargeront lefdits heritiers de la moitié de la fomme de 160 l. y contenuë à la charge de reprife.*

Ladite Bellebarbe & Loubet foûtiennent que lefdits heritiers ont deu eftre condamnés de leur faire recepte pure & fimple du total des fommes portées par les Lettres, Billets de Change & promeffes mentionnées dans ledit article, montant à 3755 l. 6 f. 8 d. tant fur les fondemens & moyens eftablis contre le Juge defdits articles du premier Chapitre, & des 18 & 19 du prefent, que par la prefcription faute de pourfuites, & la mort des débiteurs.

Ladite Sentence dit que l'art. 44. *tiré purement & fimplement pour 578 l. 7 f. 3 d. faifant moitié de 1157 l. à caufe de la dette du Sieur le Vaffeur, demeura accordé pour ladite fomme, avec les interefts d'icelle du jour du decez dudit de Jouy.*

Laditte Bellebarbe & Loubet foutiennent que lefdits heritiers ont deu eftre condamnés de leur faire recette pure & fimple defdites 1157 l. 12 f. 6 d. & interefts, qui font enfemble 1751 l. 16 f. 6 d. par les mêmes raifons & moyens defdits articles du premier Chapitre de recepte.

Ladite Sentence dit *que l'art. 45 tiré à la charge de reprife pour 56 l. faifant moitié de 192 l. deus par la Damoifelle Bernin, demeurera accordé fauf la reprife en jugeant, laquelle fera fait droit fur les diligences.*

Ladite Bellebarbe & Loubet foutiennent que lefdits heritiers ont deu eftre condamnez de leur faire recepte pure & fimple defdits 192 l. & interefts, qui font enfemble 310 l. 8 f. par les raifons & moyens dudit premier Chapitre de recepte, par la mort des débiteurs, & les decrets des biens faute de diligences.

Ladite Sentence dit *que l'art. 46. tiré purement & fimplement pour 887 l. faifant moitié de 1775 l. contenus aux obligations du fieur Defmareftz, fera reformé, augmenté, & tiré pour le principal en entier, & les interefts du jour du decez de ladite femme de Jouy, par forme de dommages & interefts, faute de rapporter les pieces & quittances, laquelle fomme & interefts font 3538 l. 15 f.*

Ladite Sentence dit *que l'art. 47 tire pour 30 l. faifant moitié de 60 l. à caufe de l'obligation de la veuve Bombeuf demeurera accordé, fauf à juger des diligences lors de la reprife.*

Le grief fait à ladite Belle-barbe & Loubet par le juge dudit art. eft effroyable, ils ont authentiquement juftifié que le deu de ladite veuve Bombeuf à la Communauté eftoit de 3650 l. en principal, faifant 7482 l. 10 f. avec les interefts, que ledit de Jouy avoit fouftrait & recelé tous les titres & pieces de ce deu, & s'en eftoit fait entierement payer, comme il fe prouvoit par fon propre efcrit inventorié fous la cotte 57 dudit Inventaire fait après fon decez paraphe 40 en ces termes.

Du 14. Avril 1692.

Mis en mains de Monfieur Merelle l'affignation que Madame Bombeuf m'a fait donner,

K

*pour restituer la rente que j'ai receuë de Monsieur & Madame Mathelin de 45 l. par an,
mon obligation en original, la Sentence des Requestes du Palais de 1682. qui condamne
ledit Mathelin à me payer, le consentement en original de ladite veuve Bombeuf, portant
que la veuve Mathelin paye à moi ce qu'elle doit, ou ce qu'elle devra en après, jusqu'à
concurrance de 3650 liv.*

Sur le fondement de laquelle piece ladite Bellebarbe & Loubet auroient formé leur demande contre lesdits heritiers, par requeste du 6. May 1701. à ce que
ladite somme fut declarée effect recellé, & qu'ils fussent condamnez de leur en
faire le payement avec les interests, & les Juges dont est appel n'ont peu, que
par une injustice effroyable, se dispenser de l'ordonner.

Ladite Sentence dit *que l'art. 48. tiré à la charge de reprise pour 1825. l. faisoit
moitié de 3650 l. à cause de l'obligation du sieur de la Guyonie, ayant égard au débat de
ladite Bellebarbe & Loubet, seront tenus lesdits heritiers d'augmenter leur recepte jusu'à
la somme de 8500. l. par eux cedez à François Fizamin, sauf la reprise à l'exception de
100 l. dont ils se chargeront purement & simplement, faisant moitié des 200 l. qu'ils ont
reconnu avoir reçus.*

Ladite Bellebarbe & Loubet soutiennent que lesdits heritiers ont deu estre
condamnez de leur faire recepte pure & simple du total desdits 8500 l. & interests, qui font ensemble 13600 l. par les raisons & moyens establis contre ledit
art. du premier Chapitre de recepte, & qu'il demeure justifié dudit transport
qu'ils ont receu les 8500 l. portez par icelui.

Ladite Sentence dit *que les art. 49, 50, 51 & 52, concernant les biens de Lorraine, & ce qui peut estre deu par ledit Debault demeureront accollez & tirez pour les sommes y contenues, faute d'avoir justifié les titres & pieces concernant lesdits biens de Lor-
rainne, & Lettres à ladite Bellebarbe & Loubet de la declaration faite par lesdits heritiers, qu'ils abandonnent lesdits biens qui sont en Lorraine pour 1800 l. lesdites sommes
principalles & interests montent à 58208 l. 9 s.*

Ladite Sentence dit *que les art. 53, 54, 55, 56 & 57, demeureront accordez pour
memoire.*

Ladite Sentence dit *qu'il a esté prononcé sur l'art 58. avec l'article 17.*

Ladite Sentence dit *que sur l'art 59. ayant égard au débat, il sera reformé, & que lesdits heritiers se chargeront de la somme de 200 liv. faisant moitié de 400 liv. avec les
interests du jour du decez de la femme dudit de Jouy par forme de dommages & interests.*

Ladite Bellebarbe & Loubet soutiennent que lesdits heritiers ont deu estre
condamnez de leur faire recepte pure & simple desdites 400 l. & interests, faisant 810 l. par les moyens establis contre lesdits art. du premier Chapitre de
recepte, & parce que les obligations ne sont point rapportées, & ont esté rendues
aux débiteurs.

Ladite Sentence dit *qu'ayant égard au débat formé contre l'art. 60. tiré à la charge
de reprise pour 10000 l. faisant moitié de 20000 l. à cause de ce qui est deu par Edme
Besnard; que lesdits heritiers seront tenus ladite recepte de 10000 l. purement & simplement, & des interests d'icelle à compter du jour du decez dudit de Jouy,
attendu qu'il n'est rapporté aucune piece originale de ladite dette, faisant lesdites sommes
& interest 33000 l.*

Ladite Sentence dit *que l'art. 61. & dernier dudit second Chapitre de recette, tiré à
la charge de reprise pour 1265 l. faisant moitié de 2530 l. deus par la Dame Comtesse de
Fiesque demeurera accordé & le débat rayé.*

Ladite Bellebarbe & Loubet soutiennent que lesdits heritiers ont deu estre
condamnez de leur faire recepte desdites 2530 l. & interests, faisant 4008 l. par
les moyens establis contre lesdites art. du premier Chapitre de recette, par la
mort de la débitrice par le deffaut des poursuites, & par les decrets intervenus fautes d'oppositions.

*Moyens de ladite Bellebarbe & Loubet, contre le Juge de leurs premieres
demandes, en augmentation de recette aux Chefs qui leur font préjudice.*

Ladite Sentence dit *quand aux premieres demandes de ladite Bellebarbe & Loubet
en argumentation de recette, faites par leurs débats & Inventaires de production ensuite*

dudit second Chapitre de recette, que sans s'arrêter aux offres desdits heritiers sur le premier art. desdites demandes, qu'ils se chargeront en recepte de 4300 l. contenus aux trois billets en question, recellez & non raportez, & des interests de ladite somme, à compter du jour du decez de ladite femme de Jouy ; & à l'égard de celui de 500 l. seront tenus de le rendre aussi exigible qu'il étoit audit jour du decez d'icelle, sans que lesdits heritiers puissent dans lesdites sommes prétendre aucune part ni portion.

Ledit quatriéme billet ayant esté rapporté par lesdits heritiers & ladite Bellebarbe, & Loubet ayant justifié qu'il estoit prescrit, lesdits Juges ont ordonné ensuite sur le Juge, du premier art. des troisiémes demandes en augmentation de recepte, que lesdits heritiers se chargeront du contenu en icelui comme des trois autres, ensemble des interests du jour du decez de ladite Anne Boyard, montant lesdits 4. billets à 4800 l. & avec les interests à 9840 l.

Ladite Sentence dit *sur le 2. art. desdites demandes que lesdits heritiers se chargeront en recette de 430 l. 14 s. qui restoit deus au jour du decez de ladite Anne Boyard, de 594 l. contenus au billet du sieur Bouré, ensemble des interests du jour du decez de ladite femme de Jouy par forme de dommages & interests, sans y pretendre aucune part ni portion, & seront tenus de rendre ledit effect aussi exigible qu'il étoit lors du decez de ladite femme de Jouy, faisant ladite somme avec les interests 865 l. 18 sols.*

Ladite Sentence dit *qu'à l'égard du 3. art. desdites demandes à cause du billet du sieur Frichet de 1000 l. du 27 Juin 1684. & de la demande pour les interests qu'il y sera fait droit separément, attendu l'appointement intervenu entre ledit Frichet & ladite Bellebarbe & Loubet.*

Les griefs faits à ladite Bellebarbe & Loubet par le juge dudit article sont tres sensibles, s'agissant de deux demandes contre lesdits heritiers concernant ledit Frichet, qui n'ont peu estre disjointes ni divisées de ladite instance de compte.

L'une à ce que lesdits heritiers fussent condamnez de leur faire recepte pure & simple de 1000 l. contenus audit billet & interests, declaré recellé par ladite Sentence du 22 Aoust 1697, suivant les offres qu'ils en avoient faites par icelle à ladite Bellebarbe & Loubet, joint que lesdits heritiers en avoient receu le payement & remis ledit billet audit Frichet.

L'autre à ce qu'ils fussent pareillement condamnez de se charger en recette de la somme de 10200 l. & interests contenus en une Lettre de Change que ledit feu de Jouy avoit escomptée sous le nom du nommé Chevard, & obtenu Sentence de condamnation sur icelle, & pris la déclaration en contre-lettre dudit Chevard comme ladite Lettre de Change appartenoit à lui de Jouy, & qu'il n'y prétendoit rien, qu'il ne faisoit que lui prêter son nom pour lui faire plaisir ; laquelle Lettre de Change & Sentence de condamnation ledit de Jouy auroit fait mettre en 1685. sous le nom dudit Frichet par un transport qu'il lui auroit fait faire par ledit Chevard, duquel Frichet il auroit aussi pris une pareille déclaration ; lesquelles déclarations, Lettre de Change, & Sentence de condamnation ledit de Jouy auroit soustraites & recellées lors du decez de ladite Anne Boyard sa femme, lesquelles se seroient ensuite trouvées sous ledit scelez aposez sur ses effets après son decez en 1694. & auroient esté inventoriées dans l'Inventaire qui en auroient esté fait, duquel lesdits heritiers les auroient soustraites & fait faire remise des deux tiers desdites 10200 l. audit du Vau débiteur de ladite Lettre avec les interests par ledit Frichet, lequel leur auroit remis les deniers du tiers restant qu'il avoit receu dudit du Vau, & lesdites pieces s'étant reservé l'execution de ladite Sentence pour le payement des interests dudit tiers, & par ainsi ils ont deub estre condamnez de payer ausdits Bellebarbe & Loubet, solidairement avec ledit Frichet lesdits 10200 l. & interests d'iceux, attendu même que lesdits Bellebarbe & Loubet avoient saisi és mains dudit Frichet ladite Lettre de Change & le deu dudit Billet, & qu'il n'avoit pu par consequent leur en faire aucune remise ni aucun payement, les interests de laquelle Lettre de Change depuis ladite condamnation qui est de 1685. jusqu'à ce jour montent à 11730 l. & ceux dudit billet depuis le decez de ladite Anne Boyard 1050 l. faisant desdites deux sommes principales & interests celle de 23980 l.

Ladite Sentence dit *sur l'art. 4. que lesdits heritiers seront tenus de se charger en recette de 160 l. contenus en deux billets du sieur Bertin & Cherobonat & interests d'icelle* du jour du decez de ladite femme de Jouy, & de rendre les billets auſſi bons & exigibles qu'ils étoient lors du decez de ladite femme, attendu que c'eſt un recellé faiſant leſdits 160 l. avec les intereſts 320. l.

Ladite Sentence dit *ſur l'art.* 5. *concernant le Sieur Colbert de Montigny, que leſdits heritiers ſe chargeront de la ſomme de* 300 l. *les autres* 300 l. *appartiendront à ladite Bellebarbe & Loubet, comme effet recellé, ſans s'arreſter à la demande faite par leſdits Bellebarbe & Loubet contre le ſieur Colbert dont il eſt déchargé, dépens compenſez à ſon égard.*

Le grief fait auſdits Bellebarbe & Loubet par le jugé dudit art. eſt des plus crians, leſdits Bellebarbe & Loubet avoient ſaiſi leſdits effets en mains de la mere dudit Colbert, dont il eſt heritier ſur leſdits heritiers comme effets recellez, elle n'a pu au préjudice s'en déſaiſir, leur en faire aucune remiſe ni payement, ſans s'expoſer à payer deux fois, & ainſi la concluſion ſenſible, & conforme à l'équité eſt qu'il a deub eſtre condamné ſolidairement avec leſdits heritiers au payement des 600 l. avec les intereſts du jour du decez de ladite Anne Boyard, comme il a eſté jugé à l'égard des autres recellez faiſant leſdits 600. l. avec les intereſts 1230 l.

Ladite Sentence dit *ſur l'art.* 6. *de la demande de* 200 l. *contenuë au billet du ſieur Deſpenſier qu'elle ſera rayée du conſentement des Parties.*

Ladite Bellebarbe & Loubet n'ont jamais prétendu ni conſenti la radiation dudit art. le billet y eſnoncé eſtant un effet recelé leſdits heritiers ayant du eſtre condamnez au payement des 200 l. y contenus avec les intereſts du jour du decez de ladite Anne Boyard; qui font enſemble 410 l.

Ladite Sentence dit *ſur l'art.* 7. *que leſdits heritiers ſe chargeront de* 150 l. *deus par René de Jouy l'un d'iceux, & des intereſts du jour du decez de ladite femme de Jouy, faiſant enſemble* 307 l. 10. ſ.

Ladite Sentence dit *ſur l'art* 8. *afin de payement de la ſomme de* 486 l. 16 ſ. *que leſdits heritiers en demeureront déchargez.*

Ce grief eſt effroyable ledit effet ayant eſté déclaré recelé par ladite Sentence du 22 Aouſt 1697. qui fait avec les intereſts 997 l. 18 ſ.

Ladite Sentence dit *ſur l'art.* 9. *concernant la ſomme de* 647 l. *contenuë aux billets du ſieur Bertran que leſdits heritiers s'en chargeront & des intereſts faiſant enſemble* 1326 l. 7 ſols.

Ladite Sentence dit *ſur l'art.* 10. *que leſdits heritiers ſe chargeront de la ſomme de* 100 l. *contenuë en l'obligation d'Urbaine Berger, enſemble des intereſts d'icelui du jour du decez de ladite femme de Jouy comme effet recellé, faiſant enſemble* 205 l.

Ladite Sentence dit *ſur l'art.* 11. *que leſdits heritiers ſe chargeront de la ſomme de* 250 l. *faiſant moitié de* 500 l. *qui reſtoit de plus grande ſomme, dont moitié appartenoit au ſieur Milieu & des intereſts deſdites* 250 l. *du jour du decez de ladite femme de Jouy, comme eſtant un effet recellé, & ſeront tenus de rendre la dette auſſi exigible qu'elle étoit lors du decez de ladite femme de Jouy, ſans que leſdits heritiers y puiſſent prétendre aucune part ni portion, faiſant avec les intereſts* 512 l. 10 ſ.

Ladite Sentence dit *ſur l'art.* 12. *concernant le tranſport fait par le ſieur de Poix audit deffunt de Jouy, de la ſomme de* 4200 l. *que leſdits heritiers ſe chargeront de ladite ſomme & des intereſts d'icelle du jour du decez de ladite femme de Jouy, comme effet recelé, & rendront les débiteurs auſſi ſolvables qu'ils étoient lors du decez de ladite femme de Jouy faiſant avec les intereſts* 8610 l.

Ladite Sentence dit *ſur l'art.* 13. *concertant la dette du ſieur Canon, que les Parties conteſteront plus amplement.*

Le grief fait à ladite Bellebarbe & Loubet par le jugé dudit art. eſt effroyable, les Juges dont eſt appel ont par ladite Sentence du 22. Aouſt 1697. declaré les effets inventoriez ſous la Cotte 44. dudit dernier Inventaire fait aprés le decez dudit de Jouy qui ſont ceux dont il s'agit, & qui montent en principal & intereſt à la ſomme de 57362 l. eſtre effets recelez par ledit feu de Jouy, & s'eſtre trouvés de dattes anterieures au jour du decez de ladite Anne Boyard, & avoir appartenu à leur communauté, prive les heritiers dudit de Jouy d'y rien avoir ni prétendre, & condamne iceux d'en rendre les débiteurs auſſi bons & ſolvables, tant pour le principal que pour les intereſts qu'ils pouvoient eſtre lors du decez de ladite Anne Boyard, & donne Lettres auſdits Bellebarbe & Loubet des offres à eux faites par leſdits heritiers de leur tenir compte des effets recellez, &
de

de tous les autres non inventoriez, aprés la mort de ladite Anne Boyard, & qui se trouveront de dattes anterieures au jour du decez d'icelle. Il faut que les Juges soient clairs, certains & non contraires dans leurs decisions. *Nam si incertam vocem destuba qui separabit ad bellum.* La contrarieté est le plus puissant moyen pour renverser les jugemens. C'est un vice qui les blesse au cœur & dans l'essentiel. Par le Droit écrit, c'estoit non-seulement un moyen de restitution en entier lorsqu'un Arrest estoit contraire à lui-même : *Sibimetipsi contrarium & repugnans*, ou qu'il y en avoit deux ou plusieurs contraires entr'eux, *inter se contraria* ; mais encore cette contrarieté & repugnance faisoit que la Requeste civile retardoit & suspendoit l'execution de l'Arrest, suivant la Loy *Ubi pugnantia* 188. *ff. de diversis reg. jur.* où il est dit : *Ubi pugnantia inter se in testamento inveniuntur neutrum ratum est.* C'est la doctrine de Ferr. sur la question 50. *de Guid. Pap.* Et par l'ordonnance de 1667, s'il y a contrarieté d'Arrest ou jugement en dernier ressort entre les mêmes parties & sur les mêmes moyens ; & si dans un même Arrest il y a des dispositions contraires, ce sont des moyens indubitables de Requeste civile, & à plus forte raison de causes & moyens d'apel de toutes les contrarietez du jugé de la Sentence dont il s'agit.

Ladite Sentence dit sur l'art. 14 *concernant le transport de Gilles Torche que lesdits heritiers seront tenus d'augmenter leur recette de la somme de* 316 l. *& interests, du jour du decez de ladite femme de Iouy, attendu que c'est un effet recelé, faisant ensemble* 671 liv. 16 sols.

Ladite Sentence dit sur l'art. 15 *concernant le transport fait par le sieur Chandre au profit de Iacques Chauveau de la somme de* 5000 l. *& la declaration faite par ledit Chauveau que lesdits heritiers de Iouy seront tenus de payer & rapporter le tiers de ladite somme de* 5000 l. *& le tiers des interests, suivant la Sentence du* 15 Decembre 1702, *& dechargez du surplus, pour lequel surplus lesdits Bellebarbe & Loubet se pourvoiront contre la succession du sieur Duvau debiteur, que lesdits heritiers seront tenus de rendre aussi solvable qu'il pouvoit estre lors du decez de ladite femme de Iouy.*

Les griefs faits à ladite Bellebarbe & Loubet, par le jugé dudit article, sont semblables & aussi effroyables que ceux du jugé dudit art. 13, & sont également contraires au jugé de tous les autres articles concernant lesdits recelez, ausquels ils ont dû estre conformes & semblables, & avoir ordonné comme par iceux que lesdits heritiers seroient tenus de se charger du total des sommes principales & des interests, & de rendre les debiteurs solvables ; lesdits effets ayant esté declarez recelez par ladite Sentence du 22 Aoust 1697, comme les precedens, & le recelé n'en estant pas moins énorme, les heritiers ayant offert par ladite Sentence d'en tenir compte ausdits Bellebarbe & Loubet ; comme de tous les autres ; & à plus forte raison celui-cy, pour raison duquel même il seroit de l'impossibilité la plus absoluë ausdits Bellebarbe & Loubet de pouvoir faire aucune poursuite contre la succession dud. Duvau auquel lesd. heritiers ont rendu lad. lettre de change de 5000 liv. la Sentence de condamnation sur icelle de 1683. & autres poursuites & procedures inventoriées par leur inventaire de 1694, fait aprés le decez dudit de Jouy, qu'ils ont soustraites d'icelui, faisant ladite somme avec les interests 10750 liv.

Ladite Sentence dit sur l'art. 16 *concernant ce qui est dû par Henry Houssu, qu'il sera rayé comme ayant esté reglé & jugé par les articles* 39 & 40 *dudit second chapitre de recette.*

Ladite Bellebarbe & Loubet répondent que c'est une erreur & imposition à la verité grossieres, ou plûtost un déni de justice manifeste, & qu'il s'agit dans cet article de la demande formée par lesdits Bellebarbe & Loubet, par leur Requeste du 4 May 1702, contre lesd. heritiers, à ce qu'ils fussent tenus de leur faire recette pure & simple de la somme de 2135 l. 10 s. & interests d'icelle, comme estant une dette active de ladite Communauté, créé avant la cloture d'icelle, qui n'avoit esté faite que le 25 Nov. 1689, & sur le fondement que toutes les dettes actives créées par ledit feu de Jouy à son profit, depuis le jour du decez de sa femme, jusqués & inclus celui de la cloture de l'inventaire des effets de leur Communauté, qui ne se trouvent déclarées ni énoncées en icelui, sont effets recelez, ausquels ses heritiers demeurent privez d'y rien avoir ni prétendre ; faisant ladite somme avec les interests 4377 l. 15 s.

Ladite Sentence dit sur l'art. 17 *concernant la dette du nommé Bombœuf, qu'avant faire*

L

droit, feront les deux tranfports des 12 Fevrier 1670, & 1 Juin 1677, rapportez pour eftre enfuite fait droit.

Le jugé de cet article eft encore contraire à ceux des autres, & un deni de juftice criant ; le dû dudit Bombœuf confifte en 2611 l. d'une part, dont les titres de creance ont efté inventoriez par ledit inventaire de 1694, fait après le decez dudit de Jouy fous la cotte 66 ; & en 4620 l. 8 f. d'autre, dont les titres de creance ont efté inventoriez fous la cotte 79, dudit inventaire. Ces effets ont efté declarez recellez par ladite Sentence du 22 Aouft 1697, qui a donné lettres aufdits Bellebarbe & Loubet des offres defdits heritiers de leur en tenir compte ; & confequamment les Juges dont eft apel, n'ont pû fe difpenfer de l'ordonner & des interefts, comme ils ont fait fur les autres recellez, fur les mêmes principes & les mêmes fondemens ; eftant de la plus étrange abfurdité que fe contrariant eux-mêmes, ils ayent au contraire injuftement interloqué, fous le faux prétexte de raporter lefdits titres que lefdits Bellebarbe & Loubet ont recherchés & faits expedier eux-mêmes & les ont produits par leur Requefte du 22 Avril 1702, qui les a receus par l'ordonnance au bas d'icelle, communication aufdits heritiers pour y fournir de réponfes ; ce qui ne laiffe rien à ajoûter à l'injuftice du jugé dudit article, faifant lefdites fommes principales avec les interefts, celle de 14824 l. 7 f.

Ladite Sentence dit fur l'article 18, concernant la fomme de 300 liv. contenuë en l'obligation du fieur Bernin, que lefdits heritiers en augmenteront leur recette, enfemble des interefts d'icelle du jour du decez de la femme dudit de Jouy, & rendront la dette auffi exigible qu'elle pouvoit eftre au jour du decez de ladite femme de Jouy, faifant avec les interefts 655 livres.

Que lefdits heritiers feront auffi tenus d'augmenter leur recette des fommes de 200 liv. d'une part ; 196 l. 16 f. d'autre ; 300 l. encore d'autre ; 2000 l. d'autre & 44 l. encore d'autre, contenus & pour les caufes mentionnées aux art. 19, 20, 21, 22 & 23, & dernier defdites premieres demandes en augmentation de recette, enfemble des interefts d'icelles, du jour du decez de ladite femme de Iouy, comme effets recellez, & de rendre lefdites dettes auffi exigibles qu'elles eftoient au jour du decez de ladite femme de Iouy, faifant lefdites fommes avec les interefts, celle de 5822 l. 16 f.

Moyens de ladite Bellebarbe & Loubet contre le jugé de leurs fecondes demandes en augmentation de recette, aux chefs qui leur font préjudice.

Ladite Sentence dit fur l'article premier d'icelles, qu'il fera rayé, attendu qu'il y a efté fait droit par les articles 17 & 48 du fecond chapitre de recette.

Ladite Sentence dit fur le fecond, concernant les pieces inventoriées fur la cotte 54 du dernier inventaire, que lefdits heritiers fe chargeront en recette de 818 livres 10 fols, faifant moitié de 1837 livres 10 fols contenus audit article ; enfemble des interefts du jour du decez de ladite femme de Iouy, attendu que lefdites pieces n'ont efté inventoriées au premier inventaire, quoique de dattes anterieures au decez de ladite femme de Jouy.

Le Jugé de cet article eft encore contraire à ceux des autres, bien que lefdits 1837 l. 10 f. foit auffi un recellé, comme lefdits Juges le déclarent, & qu'ils n'ait pu en confequence fe difpenfer d'ordonner que lefdits heritiers feront recette pure & fimple à ladite Bellebarbe & Loubet du total defdits 1837 l. 10 f. comme ils ont fait à l'égard des autres recellez, faifant enfemble 3766 l. 17 f.

Ladite Sentence dit contre verité qu'il a efté fait droit fur l'art. 3 defdites demandes en jugeant l'art. 17 des premieres.

Ladite Sentence dit fur l'art. 4, qu'il y fera fait droit en jugeant les articles qui concernent ledit Duvau & fa femme, dont ladite Bellebarbe & Loubet pretendent rendre lefdits heritiers refponfables.

Ladite Sentence dit fur l'art. 5. & dernier defdites fecondes demandes, concernant ledit Nori, que ladite Bellebarbe eft receuë oppofante aux Sentences par defaut obtenues par ledit Nori ; & qu'après qu'elle l'a foûtenu debiteur, & que depuis les faifies & oppofitions, il a rendu les deniers aux heritiers de Iouy, foûtenu au contraire, appointe les parties & joint à l'Inftance, appointée par la Sentence du 21 Fevrier lors dernier.

Le Grief fait à ladite Bellebarbe & Loubet par le jugé dudit article, eft d'autant plus étonnant qu'il dégenere en deni de Juftice ; leurs demandes contre le-

dit Nori confiftent au payement defdits deux Lettres de Change de 12240 l. &
Sentences de condamnation de 1683, recellées par ledit de Jouy au decez de fa
femme, en 4000 liv. de billets, aufdits 1568 l. 5 f. de Vaiffelle d'argent; en lad.
obligation de 950 l. que ledit de Jouy lui avoit dépofé & mis és mains fous fes
reconnoiffances portant promeffe de les lui remettre ou de lui en payer la valeur à fa volonté, & en 4080 liv. qu'il lui avoit preftées dont il lui avoit fait fa
promeffe; lefquelles fommes font avec les interefts 47423 l. 2 f. que ladite Bellebarbe & Loubet auroient fait faifir és mains dudit Nori, au préjudice dequoi
il auroit remis aufdits heritiers une partie defdits effets, fait diffiper & diffipe
avec eux, le furplus remis & fait remettre aux debiteurs les titres de creance.
Nori avoit fourni de deffenfes aufdites demandes, & fur icelles les parties appointées & joint à ladite Inftance de compte par ladite Sentence du 21 Fevrier
1704, par laquelle ladite Bellebarbe & Loubet avoient efté receus oppofans aufdites Sentences énoncées dans ledit article, & confequemment lefdits Juges n'ont
pû juger deux fois la même chofe; ladite Bellebarbe & Loubet ayant même en
execution dudit premier appointement mis de leur part leurs demandes en
eftat d'eftre jugées, écrit, produit & acquis la forclufion contre ledit Nori,
faute de l'avoir fait de la fienne, & confequemment lefdits Juges n'ont pû fe
difpenfer de leur adjuger leurs demandes, fins & conclufions, & qu'en forçant
toutes les regles de la Juftice, ordonner ladite disjonction, qui n'a efté requife,
prétendue, ni demandée par aucune des parties, & les Juges ne pouvant prononcer fur ce qui n'a efté ni demandé, ni requis fuivant l'Ordonnance, eftant
d'ailleurs manifefte qu'ils n'ont prononcé ladite disjonction, que dans la veue
de perpetuer le jugement defdites demandes, multiplier les Sentences, mettre
ladite Bellebarbe & Loubet hors d'eftat de les pouvoir faire juger, qu'après le
jugement de l'appel de ladite Inftance principale de compte, dans laquelle tous
les titres & pieces fur lefquelles elles font établies, font produites & n'en peuvent
eftre ni tirées ni divifées.

*Moyen de ladite Bellebarbe & Loubet contre le jugé de leurs troifiéme demandes
en augmentation de recette, aux chefs qui leur font préjudice.*

*Ladite Sentence dit qu'à l'égard defdites troifiéme demandes ladite Bellebarbe & Loubet
font deboutez de celles pour raifon des billets pofterieurs au decez de ladite femme de Iouy,
& qu'à l'égard des quatre autres faits au paravant ledit decez, lefdits heritiers fe chargeront du contenu d'iceux, enfemble des interefts du jour dudit decez, & feront tenus de rendre lefdits billets auffi-bons & auffi exigibles qu'ils pouvoient eftre lors d'icelui, & communiqueront lefdits heritiers les pieces fuivant la Sentence du 22 Aouft 1697.*

Il n'y a jamais eu de grief fi effroyable que celui qui eft fait à ladite Bellebarbe & Loubet par le jugé dudit article. Il a efté inventorié fous la cotte 9
dudit inventaire fait après le decés dudit de Jouy, vingt-un billets faits à fon profit par ledit Duvau, dont les quatre premiers montant à 4800 l. font ceux anterieurs au decez de ladite Anne Boyard jugez recellez, & les dix-fept autres
montant à 2851 l. font d'autres billets que ledit de Jouy avoit faits renouveller
par ledit Duvau, & mettre de dattes pofterieures audit decez, & lui auroit rendu le femblables & de pareilles fommes anterieures audit decez qu'il avoit fouftraits & recellez lors d'icelui, comme lefdits billets faits pour la valeur des precedens, le juftifient contenant leur datte & la remife faite par ledit de Jouy audit Duvau d'iceux, & comme il fe prouve encore par les Livres Journaux dudit
de Jouy dans lefquels eft fait mention en marge de l'énoncé defdits billets anterieurs audit decez des jours, mois & ans qu'il les a fait renouveller par ledit
Duvau, & par auffi les mémoires particuliers qu'il en a faits, écrits de fa main;
& par lui extraits defdits Livres journaux, qu'il a efté inventorié de plus fous
la cotte dix dudit inventaire. Dix-neuf autres billets de la femme dudit Duvau montant à 5386 l. renouvellez & juftifiez comme les precedens, fous la cotte
22. Un autre billet de Duvau fils de cent vingt-neuf liv. quatorze fols renou-
vellé & juftifié comme les precedens, fous la cotte vingt-quatre. Trois autres
billets dudit Duvau & fa femme de la fomme de 9900 l. renouvellez & juftifiez
comme les precedens, montant tous lefdits billets renouvellez à la fomme de

dix-huit mil deux cens foixante-cinq liv. quatorze fols, & avec les interefts à
trente-fept mil quatre cens quarante-cinq liv. treize fols, eftant abfurde de dire
par ledit article que lefdits heritiers communiqueront les pieces, puifqu'ils y demeurent condamnez ; & que quand il n'y auroit que le deffaut d'y avoir fatisfait
lefdits Juges n'ont pû fe difpenfer de les condamner de payer à ladite Bellebarbe & Loubet le montant defdites fommes, puifque lefdits heritiers demeurent
privez de rien avoir ni prétendre dans tous les effets qu'ils ont fouftraits & divertis, & à plus forte raifon dans lefdits billets.

Ladite Sentence dit *que lefdits heritiers demeurent déchargez de la demande portée
par l'art. 2, attendu que l'acte eft depuis le decez de ladite femme de Iouy.*

Le grief fait aufdits Bellebarbe & Loubet par le jugé de cet article, eft conforme à ceux de l'article precedent, le vingt-deux Novembre mil fix cens qua-
tre-vingt-quatre; ledit Duvau & fa femme auroient fait une obligation folidaire audit de Jouy de la fomme de quatre cens liv. il l'auroit fouftraite au decez
de fa femme, & enfuite pour la changer de nature en auroient fait un tranfport
feint & fimulé fous le nom de Guillaume Longre fon affidé, comme de plufieurs
autres & effets recelez, & auroit à même inftant fait fignifier ledit tranfport
audit Duvau & fa femme, fous le nom & à la Requefte dudit Longre, & fous
icelui obtenu condamnation au payement des interefts defdits quatre cens liv.
qu'il auroit exactement touchez fous les quittances dudit Longre jufqu'au feize
Septembre mil fix cens quatre-vingt-treize, que voyant que ladite Bellebarbe
fe mettoit en devoir de le pourfuivre, & voulant changer entierement de nature
ladite obligation, il en auroit fait paffer un autre au profit dudit Longre, caufée
pour celle à lui tranfportée par ledit de Jouy & expreffement ftipulé, & convenu que ledit Longre demeureroit fubrogé à l'hypoteque dudit de Jouy, du jour
& datte de fadite obligation qui demeureroit en fa force. & vertu à cet égard,
& le fept Juillet mil fix cens quatre-vingt-quatorze, un mois avant la mort dudit
de Jouy, ledit Longre lui auroit fait une déclaration fous fignature privée, contenant qu'il n'avoit accepté ladite obligation faite à fon profit defdits quatre cens
livres, qu'à la priere dudit de Jouy & pour lui faire plaifir ; lefquelles obligations & déclarations auroient efté inventoriées fous la cotte 55 dudit inventaire fait aprés le décez dudit de Jouy, faifant lefdites quatre cens livres avec
les interefts huit cens vingt livres.

*Ladite Sentence dit fur le troifiéme article, afin de payement de 594. l. à caufe du billet
du fieur de Benré du vingt-huit Juillet mil fix foixante & quatorze, que lefdits heritiers
feront tenus de fe charger en recette de quatre cens trente livres quatorze fols qui reftoient
dûs dudit Billet au jour du decez de ladite femme de Jouy, enfemble des interefts du jour
dudit decez, & de rendre la dette auffi exigible qu'elle pouvoit eftre ce jour-là.*

Cet article a efté jugé par l'article fecond des premieres demandes en augmentation de recette que cette double condamnation fait voir avoir échapé à
la mémoire & à l'exactitude de Monfieur le Rapporteur.

*Ladite Sentence dit fur l'art. 4. qu'avant faire droit, lefdits heritiers rapporteront la re-
connoiffance donnée par Brunet ; lequel fera mis en caufe pour rapporter ledit billet ; & faute
de ce faire, que lefdits heritiers tiendront compte de la fomme de fept, cens vingt-cinq liv.
contenue audit article, enfemble des interefts d'icelle.*

Les griefs faits aufdits Bellebarbe & Loubet par cet article, font en ce qu'il
eft dit que lefdits heritiers rapporteront ladite reconnoiffance donnée par Brunet,
& qu'ils ont dit & déclaré l'avoir remife audit Duvau, & qu'il eft dit auffi que
Brunet fera mis en caufe pour rapporter le billet y mentionné ; puifque lefdits
heritiers conviennent & déclarent pareillement qu'il le leur a rendu, & qu'ils
l'ont auffi remis audit Duvau, & confequemment ils ont dû demeurer condamnez de faire recette & tenir compte aufdits Bellebarbe & Loubet de fept cens
vingt-cinq livres & interefts, faifant enfemble quatorze cens quatre-vingt-fix livres cinq fols.

*Ladite Sentence dit fur les articles cinq & fix que ladite Bellebarbe & Loubet font dé-
boutez des demandes portées par iceux.*

Ladite Bellebarbe & Loubet ne connoiffent rien au jugé defdits articles, à
caufe du changement fait à l'ordre de leurs demandes & des tranfpofitions d'i-
celles

celles & que d'ailleurs il n'eft pas expliqué ce que c'eft que lefdits articles, ni quel dû & debiteurs ils concernent.

Ladite Sentence dit fur les articles 7, 8 & 9, concernant ledit Nory, qu'il y fera fait droit féparement en jugeant l'Inftance appointée entre les parties le 21 Février dernier.

Les griefs faits aufdits Bellebarbe & Loubet par le jugé defdits articles font les mêmes que ceux qui leur ont efté faits par celui de l'article cinquiéme, des fecondes demandes cy-deffus, que lefdits Bellebarbe & Loubet emploient pour ne pas ufer de repetition.

Ladite Sentence dit fur l'art. 10. afin de payement de la fomme de 4000 l. à caufe des pieces inventoriées fous la cotte 29 du dernier inventaire, concernant la Dame Pellé, qu'il a efté cy-devant jugé par la Sentence du 15 Decembre 1701, & fuivant icelle qu'il fera tenu compte par lefdits heritiers de ladite fomme de 4000 l. & des interefts d'icelle.

Le grief fait aufdits Bellebarbe & Loubet par le jugé article eft tres-fenfible. Les Juges dont eft appel ont par la même Sentence du 15 Decembre 1701, déclaré la Lettre de Change de 7000 l. fouftraite par ledit feu de Jouy au decez de fa femme, & mife fous le nom de ladite Pellé, eftre effet recelé, & condamne lefdits heritiers d'en rendre le debiteur auffi-bon & folvable, tant pour le principal qu'interefts, qu'il pouvoit eftre lors dud. decez ; ils l'ont fouftrai-te dudit inventaire fait après le decez dudit feu de Jouy, ont fait faire par la-dite Pellé la remife des deux tiers d'icelle aux debiteurs, la lui ont fait remet-tre avec la Sentence de condamnation renduë fur icelle, la conclufion fenfible & conforme à l'équité eft que lefd. heritiers ont dû eftre condamnez de tenir compte aufdits Bellebarbe & Loubet defdits 7000 liv. & interefts, comme defd. 4000 l. de billets, faifant lefdites fommes avec les interefts, celle de 23250 liv.

Ladite Sentence dit fur l'art. 11. que lefdits heritiers feront dechargez de la fomme y con-tenue.

Cet article n'expliquant ni quelle forte de dû, ni quel debiteur il concerne, lefdits Bellebarbe & Loubet ne peuvent rien comprendre à cette confufion & embroüillement.

Ladite Sentence dit fur les articles 12, 18 & 19, concernant la demande des loyers & de la proprieté des maifons du Fauxbourg S. Antoine, qu'elle donne Lettres à ladite Belle-barbe & Loubet de la déclaration defdits heritiers, qu'ils abandonnent quant à eux lefdi-tes maifons comme appartenans à la fucceffion dudit Duvau ; les heritiers duquel feront ap-pellez à la diligence defdits heritiers de Jouy, ce qu'ils feront tenus de faire dans quin-zaine, après la fignification de ladite Sentence, finon & à faute de ce faire, condamnez de payer aufdits Bellebarbe & Loubet les loyers depuis le decez de ladite femme de Jouy ; & fauf aufdits Bellebarbe & Loubet de faire appeller lefdits heritiers Duvau pour faire or-donner de la proprieté defdites maifons.

Les Griefs faits aufdits Bellebarbe & Loubet par le jugé defdits articles font effroyables. Par ladite Sentence du 22 Aouft 1697, il leur a efté donné Lettres de ce que lefdits heritiers de Jouy ont déclaré au procez ne rien prétendre auf-dites Maifons de Paris Fauxbourg S. Antoine, que lefdits Bellebarbe & Loubet ont foûtenu eftre des effets de la Communauté dudit de Jouy. Lefdits Bellebar-be & Loubet ont même en confequence juftifié de l'acquifition qui en avoit efté faite par ledit feu de Jouy & de la joüiffance pleine & paifible & continué pof-feffion fans aucune interruption depuis icelle jufqu'au jour de fon decez qui fait quarante-trois ans ; & cette proprieté & poffeffion auroit pareillement efté prou-vée par les baux à loyer, Sentences & autres titres & pieces inventoriées par le-dit inventaire fait après fon decez que lefdits heritiers ont rapportées & produi-tes eux-mêmes dans l'Inftance ; & par confequent les Juges dont eft appel n'ont pû fe difpenfer de condamner lefdits heritiers de payer aufdits Bellebarbe & Loubet les loyers defdites maifons, depuis le decez de ladite Anne Boyard, lef-quels montent jufques à ce jour à 44000 liv. & d'ordonner que lefdits Belle-barbe & Loubet feroient mis dans la pleine & entiere poffeffion defdites maifons.

Ladite Sentence dit fur les art. 21 & 22, que lefdits heritiers font dechargez des de-mandes y portées concernant la veuve Prevoft & l'emprifonnement de de Jouy de 200000 l. d'une part, & 118000 liv. d'autre.

Les griefs à ladite Bellebarbe & Loubet par le jugé defdits articles font épou-vantables. 1°. A l'égard des 200000 l. qu'il a efté établi dans l'inftance & de-meure juftifié par les informations, que ledit feu de Jouy à la mort de fa femme

M

avoit fouftrait & fait porter chez la Damoifelle Prevoft un petit Coffre de treize pouces de long, quatre & demi de large & autant de hauteurs, dans lequel il
y avoit plufieurs Bagues, Croix, Boucles & Agrafes de Diamans, Rubis, Col-
liers & Bracelets de perles, Pendans d'Oreille & autres Pierreries & Bijoux de
fadite femme, & qu'il y avoit auffi dans ce petit coffre trois féparations, d'autres Pierreries & Bijoux baillez en nantiffement & pour feureté du payement
de plufieurs fommes preftées par ledit deffunt de Jouy, lequel avoit auffi en-
voïé toute la Vaiffelle d'argent fans referver que le neceffaire, même beaucoup
d'autre qu'il avoit en nantiffement des fommes qu'il avoit preftées, entre-
autres dudit Duvau pour 1568 l. 5 f. qu'il y avoit de plus fait porter deux grands
Coffres, dans l'un defquels eftoient les habits, linges & points de fa femme,
& dans l'autre les principaux Contrats, Actes, Papiers, Titres, Billets & Lettres de Change de ladite Communauté ; & enfuite le 6 Octobre 1687, il y avoit
fait auffi porter quatre autres Coffres, dont il y en avoit deux forts, l'un d'i-
ceux vuide & l'autre plein de tres-groffes fommes de deniers de ladite Communauté ; & les autres remplis, l'un de linge, & l'autre de tapifferie, comme il demeure juftifié du Mémoire écrit de la main dudit de Jouy en datte dudit jour
6 Octobre 1687, reconnu par fes heritiers & inventorié fous la cotte 46 dudit
inventaire fait aprés fon decez ; que depuis et jufques à la mort dudit de Jouy,
quand il faifoit des prefts il en prenoit les deniers dans lefdits Coffres et faifoit
mettre les promeffes et obligations d'iceux, tant fous le nom de ladite Prevoft
que fous d'autres, dont il prenoit des déclarations ; que par la plainte renduë
par lefdits heritiers, le 10 Decembre 1694, fur laquelle ils ont obtenu permif-
fion d'informer et de faire publier Monitoire. Ils articulent et fe plaignent par-
ticulierement de ce qu'à la mort dudit de Jouy il a efté diverti et détourné pour
de tres-groffes fommes, des effets de ladite Communauté, en argent monnoyé
et non-monnoyé, meubles, titres, contrats de conftitution, promeffes, obligations, billets et lettres de change, qui eftoient tant fous le nom dudit de Jouy, que
par lui paffez et fait paffer fous des noms particuliers : Ce font les propres termes de leur plainte, qui juftifient par eux-même le dol, la fraude et recellé
perfidamment commis par led. feu de Jouy des effets de lad. Communauté. Et ce qui
le juftifie encore plus invinciblement & établit leur condamnation, eft leur propre aveu, leur reconnoiffance et confeffion judiciaire où elle eft toute écrite par
eux-même, puifque c'eft une regle de Droit que *Confeffus pro judicato habetur*,
qu'il n'y a point de preuves plus completes ni plus concluantes que celles qui
viennent de la bouche et de la reconnoiffance des parties, ni mieux circonftan-
ciées que celles que la verité a tirées de celles defdits heritiers, par leur Requefte du 17 Janvier 1695, dont il eft important de rapporter la teneur mot à
mot.

Ils difent, *qu'il auroit efté appofé le fcellé aprés le decés dudit de Jouy, à la Requefte
dudit Duvau, lequel auroit efté levé, aux proteftations par eux faites des recellez & di-
vertiffemens des biens & effets, tant dudit feu de Jouy, que de fa femme ; foit en argent
monnoyé, que non monnoyé, meubles, titres, actes, contrats, lettres de change paffées fous
les noms de plufieurs particuliers qui les retenoient injuftement & autres effets defdites
fucceffions, pour raifon dequoi ils avoient rendu ladite plainte le 10 Decembre precedant ;
& faifoient faire actuellement les publications de Monitoire ; & que fur ce qu'il avoit efté trouvé fous le fcellé un Mémoire écrit de la main dudit de Jouy, contenant ce qu'il avoit fait
porter le 6 Octobre 1687, chez ladite Prevoft ; ils auroient requis le Commiffaire de fe
transporter en leur préfence chez elle, pour prendre fa déclaration fur ledit Mémoire contenant ledit dépoft, & fur plufieurs autres qu'ils avoient avis, lui avoir efté depuis faits par
ledit de Iouy, de plufieurs fommes, Vaiffelle d'argent, titres, contrats, promeffes, obligations & autres effets, qu'il en avoit même mis plufieurs fous fon nom, pour fur fa déclaration
faire dire & requerir ce qu'il appartiendroit ; que ladite Prevoft ayant eu avis de cette
requifition ; & que fi on faifoit ledit transport chez elle, on y trouveroit beaucoup au delà
de ce que l'on croyoit y avoir. Elle auroit pour prevenir ce coup efté chez ledit Commiffaire declarer que ledit feu de Iouy avoit, il y a fept à huit ans, fait porter chez elle, un Coffre fermé à clef, dans lequel il lui dit n'y avoir aucune chofe, & un autre en forme de Hu-
che auffi fermé à clef, dans lequel il lui dit qu'il y avoit quelque linge ; & qu'environ
deux ans aprés, elle dit audit de Iouy que puifqu'il n'y avoit rien dans ledit coffre fort,
il lui en laiffât la liberté pour ferrer fa Vaiffelle d'argent, & fur ce qu'il n'en auroit pas*

trouvé la clef, elle en auroit fait faire l'ouverture & racommoder une clef, qu'elle s'en seroit servie du depuis, & que ledit de Iouy lui mit en main la clef de l'autre coffre, duquel
il fit l'ouverture, & s'y trouva cinq douzaine de serviettes en une piece non coupées ni our-
lées, de toile grise; quatre douzaines de serviettes élimées, six napes de toille, deux de
toille ouvrée, neuf draps de toille blanche, sept draps de toille jaune, & une vieille alai-
se. Lequel linge ainsi que lesdits Coffres, il lui dit qu'il lui donnoit en cas qu'il vint à dé-
ceder, & la pria de les garder pour se souvenir de lui, que c'estoit tout ce qu'elle avoit
en sa possession; que cette déclaration prématurée, également suspecte & plaine de fraude &
de mauvaise foy. Cet artifice préparé, n'avoit pour but que de leur faciner les yeux, que la
difference du contenu d'icelle, à celui dudit Mémoire, joint la dénégation que ladite Prevost
avoit précedamment faite, d'avoir jamais rien eu desdites successions en sa possession, & que
ledit de Iouy lui eut jamais rien déposé d'icelles, les auroient pénetrés d'avantage d'une
juste présomption, & fait redoubler leur application dans les recherches des preuves qu'ils
en avoient, que ledit de Iouy ayant eu le malheur de se rendre caution pour ledit Duvau
envers ses creanciers pour plus de 300000 liv. auroit commencé du vivant de sa femme
de mettre plusieurs effets chez ladite Prevost, qu'ils ont la preuve que ledit de Iouy par
la crainte dudit cautionnement & pour la conservation de ses biens & de sa femme avoit fait
faire plusieurs promesses, obligations, contrats de constitution & autres assurances, des sommes qu'il prestoit, tant sous le nom de ladite Prevost, que d'autres particuliers. Qu'ils ont
aussi la preuve que pendant la maladie dont est morte la femme dudit de Iouy, il avoit
par la crainte dudit cautionnement fait porter chez ladite Prevost ledit petit Coffre dans lequel ils disent qu'il y avoit tout ce qui a esté expliqué cy-dessus. Qu'ils ont de plus la
preuve que dans le même temps ledit de Iouy envoya leur Vaisselle d'argent chez ladite Prevost avec beaucoup d'autre qu'il avoit en nantissement, & pour sureté des sommes qu'il
avoit prestées, qu'il la sortit du Coffre qui en estoit rempli, & ne reserva de la leur que
le plus necessaire. Qu'ils ont pareillement la preuve que dans le même temps il fut aussi
porté chez ladite Prevost deux coffres, dans l'un desquels qui estoit un grand Bahu couvert de cuivre rouge à clouds dorez, estoient les habits, points, dantelles & nipes de lad.
deffunte, & que dans l'autre qui estoit de bois de noyer, estoient les principaux contrats,
actes, papiers, titres, billets & effets de leur Communauté, à cause de quoy il ne se trouva sous le scellé apposé à la mort de la femme que tres-peu de titres & papiers. Qu'ils ont
de même la preuve que ledit feu de Iouy depuis l'inventaire fait, envoya chez ladite Prevost quatre coffres, dont il y en avoit deux forts, l'un desquels estoit vuide, & dans l'autre il y avoit de tres-grosses sommes de deniers de ladite Communauté : & les deux autres
estoient remplis, l'un de linge & l'autre de tapisserie, & que dans ledit coffre fort qui estoit
vuide fut mise & enfermée ladite Vaisselle d'argent precedamment envoyée chez ladite Prevost, que quand ledit de Iouy faisoit des prests, on alloit prendre les deniers dans sesdits
coffres, faisoit faire les obligations & promesses sous son nom & sous d'autres. Qu'ils ont encore la preuve que ledit de Iouy ayant esté emprisonné pour le payement des sommes dont il
s'estoit rendu caution pour ledit Duvau envers ses creanciers, il lui avoit esté fait des payemens & remboursemens pour plus de 60000 liv. dont il envoyoit à proportion les deniers
dans ses coffres chez ladite Prevost, à laquelle il bailloit ses billets écheus & écheans aux
Bureaux des Fermes & Sous-Fermes pour en aller recevoir les payemens ou des interests,
& les faire renouveller, & qu'elle avoit fait porter par son ordre pendant sa detention quantité de Vaisselle d'argent & la monnoye, pour laquelle elle recent d'abord des billets & ensuite fut recevoir le contenu en nouvelles especes. Que ledit feu de Iouy avoit fait porter
plusieurs contrats de constitution dans la prison, pour donner des seuretez à l'Huissier de la
Cour, à la garde duquel il avoit esté ordonné qu'il en sortiroit. Qu'ils avoient preuve
que depuis la levée des scellez commencée, ladite Prevost avoit nuitamment fait sortir de chez
elle plusieurs Coffres, tapisseries & autres meubles appartenant audit de Iouy & transporter
ailleurs. C'est pourquoy demandent qu'il leur soit donné acte de la plainte qu'ils rendent
contre ladite Prevost, de tous lesdits faits : qu'il leur soit permis de faire informer d'iceux ;
& qu'attendu que nonobstant ledit transport furtif, il restoit encore d'autres effets tres-con-
siderables chez ladite Prevost, qu'il fut ordonné que le Commissaire se transporteroit en sa
maison & apposeroit le scellé aux Chambres & lieux qu'elle occupe & dans celles où lesdits
coffres & autres choses ont esté portées.
    Sur laquelle Requeste il leur auroit esté permis d'informer du recellé et di-
vertissement desdits effets, saisir et revendiquer les choses diverties et recellées.
    En vertu de laquelle Requeste et permission lesdits heritiers auroient esté chez

ladite Prévoſt, ſe ſeroient faits remettre leſdits Coffres & tout ce qu'elle avoit d'effets deſdits ſucceſſions & Communauté, & lui en auroient donné décharge & remis en ſes mains ledit mémoire écrit de la main dudit feu de Jouy, inventorié ſous la cotte 46, dudit inventaire fait aprés ſon decez ; & conſequamment leſdits Juges n'ont pû ſe diſpenſer de condamner leſdits heritiers au payement deſdits 200000 liv. & intereſts, depuis le decez de ladite Anne Boyard.

Qu'à l'égard des 118000 liv. concernant l'empriſonnement dudit de Jouy ; la demande en eſt établie, ſur ce qu'ayant eſté ordonné qu'il ſeroit élargi à la garde d'un Huiſſier de la Cour ; il lui auroit pour ſa ſeureté demandé qu'il lui mît és mains des effets ſuffiſans qui ne concernaſſent pas ledit Duvau ni ſa femme, & il lui en auroit baillez d'autres concernant d'autres débiteurs de ladite Communauté qu'il avoit recellez pour le montant de ladite ſomme, dont il auroit fait des états, leſquels avec les reconnoiſſances que l'Huiſſier lui en avoit données, auroient eſté inventoriées avec les autres pieces concernant ledit empriſonnement, au nombre de 57, ſous la cotte 58 dudit inventaire fait aprés ſon decez ; duquel leſdits heritiers auroient ſouſtrait leſdits états & reconnoiſſances au nombre de quatre pieces ; & en conſequence ſe ſeroient faits remettre leſd. titres & effets y énoncez, leſquels ils ne rapportent pas bien qu'ils y ſoient expreſſement condamnez par ladite Sentence du 22 Aouſt 1697, & ainſi ces Juges ont abſolument dû condamner leſdits heritiers, faute de la repreſentation deſdites pieces au payement des 118000 liv. & intereſts des effets y contenus ; faiſant leſdites deux ſommes & intereſts d'icelles, celle de 651900 liv.

,, Ladite Sentence dit qu'en ce qui concerne les demandes & prétentions de
,, ladite Bellebarbe & Loubet, à cauſe de la tranſaction faite par leſdits heritiers
,, avec ledit Duvau le 9 Janvier 1696, par laquelle il paroiſt qu'il eſt entré dans
,, le compte porté par icelle, pour la ſomme de 5000 liv. de billets, dattez de l'an-
,, née 1683, anterieurs au decez de ladite femme de Jouy, que ladite Sentence
,, juge recellés, leſdits heritiers ſont condamnez d'en tenir compte ; enſemble
,, des intereſts ſans y pouvoir prétendre aucune part ni portion ; enſemble de ren-
,, dre les debiteurs auſſi ſolvables qu'ils pouvoient eſtre lors du decez de lad. fem-
,, me de Jouy ; & ſans s'rrreſter aux demandes de ladite Bellebarbe & Loubet de
,, 500000 liv. d'une part, & 4258 liv. d'autre, portée par le regiſtre dudit deffunt
,, de Jouy, qui concernoit les maiſons du Fauxbourg S. Antoine, ſauf lorſque la-
,, dite Bellebarbe & Loubet juſtifieront que ledit feu de Jouy ait receu des effets
,, de ladite Communauté depuis le decez de ſa femme à leur eſtre fait droit.
,,

Les griefs faits par le jugé deſdits articles à ladite Bellebarbe & Loubet ſont des plus énormes, ils ſont obligez pour l'éclairciſſement d'iceux d'obſerver :

En premier lieu, qu'il demeure juſtifié par ledit inventaire fait aprés le decez dudit de Jouy, à la requeſte & en la preſence dudit Duvau, qu'il s'y eſt trouvé & qu'il a fait inventorier lui-même pour la ſomme de 493619 liv. de billets, promeſſes, obligations par lui & ſa femme dûs à ladite Communauté & pour reliquats de comptes & quittances de payemens faits par ledit de Jouy à leur priere & en leur acquit, d'une part ; pour 172566 liv. d'autres quittances des payemens faits par ledit de Jouy auſdits Officiers de la Reine, pour leurs gages & penſions, ſur les ordres & mandemens dudit Duvau d'autre, faiſant ces deux ſommes celle de 666185 liv. & pour encore 128395 liv. de Lettres de Change de lui Duvau, & Sentence de condamnation ſur icelles, qui fait avec les deux ſommes precedentes celle de 794580 liv. en principal.

En ſecond lieu, que ledit Duvau ayant fait ſouſtraire par leſdits heritiers dud. inventaire leſdits 128395 liv. de Lettres de Change, & Sentences de condamnation ſur icelles, & s'eſtant fait faire remiſe des deux tiers & des intereſts d'iceux, & encore une diminution des intereſts du tiers reſtant ; & veu que ladite ſomme de 666185 l. deſdites promeſſes, billets, obligations, reliquats de comptes, payemens faits à ſon acquit à ſes creanciers particuliers & de ſa femme, & auſdits Officiers de la Reine, eſtoient tous effets recellez par ledit feu de Jouy de ſa Communauté, que lorſqu'on ſouſtrait par dol & fraude du bien commun & hereditaire, celui qui a commis la ſouſtraction & fait le recellé : *In rebus cælatis non habet partem*, ſuivant la Loy 45 & 51, ff. Pro ſoc. & la Loy 48, Ad treb. que toutes ces ſommes alloient eſtre déclarées appartenir à ladite Bellebarbe & Loubet par la peine de recellé, que lui Duvau ni ſa femme n'auroient plus l'occaſion ni
l'eſpoir

l'efpoir d'en tirer la compofition qu'ils en auroient tirée dudit feu de Jouy en le menaçant de leur déclarer fa fraude, puifqu'ils avoient déja formé leur deman-de en peine de recellé & reddition de compte des effets de lad. Communauté contre fefdits heritiers, & faifi fur eux és mains dudit Duvau & fa femme, tou-tes lefdites fommes par eux dûës à icelle; ils auroient recouru aufdits heritiers leur dire qu'ils ne pouvoient pas éviter qu'icelles ne fuffent declarées eftre effets recellez par ledit de Jouy de ladite Communauté, d'eftre déclarées appartenir à ladite Bellebarbe & Loubet, & eux non-feulement d'eftre exclus & privez d'y rien avoir ni prétendre, mais encore d'eftre condamnez de leur en remet-tre tous les titres & leur en garentir le payement; qu'ils n'avoient pas d'autre moyen pour l'éviter que de traiter & s'accommoder avec lui Duvau & fa fem-me, & leur délivrer & mettre entre leurs mains tous lefdits titres. Dequoy eftant convenus, ils auroient ledit jour 9 Janvier 1696, fait fabriquer par ledit de For-ges ledit Acte qu'ils qualifient de tranfaction, par lequel lefdits heritiers font d'abord aufdits Duvau & fa femme une réduction & diminution de ladite fomme de 66618 5 liv. à celle de 40166 liv. 9 f. laquelle ils réduifent enfuite à celle de 35000 l. & icelle à 19000 liv. fur laquelle lefdits heritiers reconnoiffent que ledit Duvau & fa femme leur ont payé comptant à la veuë des Notaires 4000 livres déclarent qu'ils leur donnent terme & délay de deux ans pour leur payer 3000 l. fur les 15000 l. reftans, & que des 12000 l. qui font tout le furplus, lefd. Duvau & fa femme leur conftituent folidairement la fomme de 600 l. de rente annuelle, payable aux quatre termes; & reconnoiffent que lefdits heritiers leur ont délivré & mis en-tre les mains tous lefdits billets, promeffes, obligations, comptes, Regiftres & tous les titres & pieces juftificatives de toutes les fommes payées pour eux & en leur acquit, par ledit feu de Jouy, inventoriées par ledit inventaire fait aprés fon decez comme acquitées; de toutes lefquelles ledit Duvau & fa femme s'o-bligent d'aider lefdits heritiers toutefois & quantes qu'ils le requereront; & quand aufdits 12839 5 l. de Lettres de Change, & Sentences de condamnation; il n'en eft fait aucune mention, mais feulement expreffement convenu, que les indem-nitez données par ledit Duvau audit feu de Jouy pour raifon de toutes les Let-tres de Change qu'il lui avoit fait tirer fur lui ou accepter pour lui, pour le bien de fes affaires, demeureront toutes, à toûjours en leur force & vertu.

En troifiéme lieu, que perfonne n'ignore ni ne peut contefter que les heritiers beneficiaires ne font que fimples adminiftrateurs, gardiens & dépofitaires des ef-fets des fucceffions & Communautez, que cette qualité les oblige abfolument de mettre les chofes dans l'ordre de la bonne-foy, qu'elles doivent eftre confi-derées d'entr'eux & les heritiers & coheritiers purs & fimples, fans qu'il leur foit permis, ni qu'ils puiffent fous aucun prétexte que ce foit, les divertir, diftrai-re, fouftraire, diffiper, ni s'en défaifir, les tranfporter, en traiter, tranfiger, ni compofer, faire aucune remife ni diminution d'iceux, remettre ni rendre les ti-tres de creance aux debiteurs, eftant tenus & obligez par Corps d'en rendre compte, les reprefenter & communiquer aux coheritiers légataires & creanciers des fucceffions & Communautez, fans pouvoir même prétendre d'en eftre faifis, ni pouvoir s'ingerer en aucune geftion, recette & maniment d'iceux, qu'ils n'ait au préalable donné bonne & fuffifante caution; ce que lefdits heritiers n'ont ja-mais fait, & confequamment ce deffaut, & ceux de pouvoir & de capacité an-nullent & annéantiffent, ipfo facto. Cet acte fimulé, qualifié de tranfaction & à plus forte raifon, le mauvais dol, la fraude énorme & l'iniquité dont il eft rem-pli, joint que ledit Duvau & fa femme ne pouvoient eftre plus fuffifamment in-formez qu'ils eftoient du droit & de la qualité de ladite Bellebarbe, tant par fes oppofitions aufdits fcellez faits appofer par ledit Duvau, que parce qu'elle avoit efté prefente & affifté comme lui audit inventaire par lui fait faire; que par lefdites faifies qu'elle avoit par trois fois réïterées en fes mains & de fa femme de tout leur dû à ladite Communauté, que par fes demandes formées pour rai-fon d'icelui en peine de recellé contre lefdits heritiers qu'elle leur avoit dénon-cées & fignifiées avec la Sentence d'appointé en droit fur icelles, au préjudice dequoy ils n'avoient pû ni tranfiger ni compromettre avec lefdits heritiers, ni lefdits heritiers avec eux, moins encore leur faire aucun payement, avec d'au-tant plus de raifon, que quand même lefdits heritiers n'auroient pas efté privez,

N

comme ils le demeurent, de rien avoir ni prétendre dans tout leur dû par la peine du recellé, & que ledit feu de Jouy ne l'eût pas recellé comme il a fait au decez de sa femme; qu'il en eût au contraire fait comme il n'a pas, une déclaration & inventaire fideles & exacts, lesdits heritiers n'auroient pas pû en traiter, composer, ni transiger sans la participation & consentement de ladite Bellebarbe, & que conjointement avec elle, non-seulement par rapport à la moitié à elle afferente, mais encore attendu son hypoteque & privilege exclusif sur l'autre moitié du jour du contrat de mariage de ladite Anne Boyard, & consequamment cette remise & diminution affreuse exigée par ledit Duvau & sa femme sur leur dû à ladite Communauté desdits heritiers, & la délivrance qu'ils leur ont extorquée de tous lesdits titres de creance, n'est qu'une spoliation & un vol les plus qualifiez & les plus énormes des effets de ladite Communauté.

En quatriéme lieu, qu'il demeure prouvé par lesdits interrogatoires subis par lesdits heritiers que ladite femme Duvau, de son chef & en son particulier, estoit débitrice de ladite Communauté de 230000 l.

En cinquiéme lieu, que lesdits Juges ont par ladite Sentence du 22 Aoust 1697 condamné lesdits heritiers de rapporter tous les titres, papiers & enseignemens compris ausdits inventaires faits en 1686, aprés le decez de ladite Anne Boyard, & en 1694, aprés celui dudit de Jouy dont ils ont esté chargez, & qu'à l'égard de ceux compris en iceux, concernant les affaires que ledit feu de Jouy a pû avoir & gerer avec lesdits Duvau & sa femme, & Duvau sous carriere leur fils. Ordonne qu'avant faire droit, lesdits heritiers representeront les billets, promesses, obligations, contre-lettres, comptes, Registres & autres titres & effets qui ont donné lieu à ladite transaction du 9 Janvier 1696, entre ledit Duvau & sa femme & lesdits heritiers de Jouy, sans qu'elle puisse estre tirée à consequence contre ladite Bellebarbe & Loubet, pour lesdites pieces communiquées, & remises entre les mains du Conseiller Rapporteur estre ordonné ce qu'il appartiendra; laquelle remise & representation de tous lesdits titres & pieces, lesdits heritiers seront tenus de faire dans un mois du jour de la signification de ladite Sentence.

En sixiéme lieu, qu'il est aprés cela impossible de pouvoir concevoir comment ni sur quel fondement lesdits Juges ont réduit les demandes de ladite Bellebarbe & Loubet de tous lesdits effets énoncez dans ladite transaction, montant ausdits 666185 l. à 5000 l. de billets, dattez de 1683, puisque même ladite transaction en énonce pour 5100 l. de cette datte dudit Duvau, d'une part, & pour 5185 l. de sa femme d'autre, dans quelle vûë & à quelle fin dire : *Sauf lorsque ladite Bellebarbe & Loubet, justifieront que ledit feu de Jouy ait reçeu depuis le decez de sa femme des effets de leur Communauté à leur estre fait droit.* N'est-ce pas assez que ledit feu de Jouy ait soustrait & perfidamment recellé lors de la mort de sa femme, tous ceux énoncez dans ladite transaction, qui sont tous de dattes anterieures à son decez ? veulent-ils que parce qu'il ne les a pas pû changer de nature avant mourir, comme une infinité d'autres, & que sa mort anticipée les a fait trouver sous lesdits scellez apposez aprés son decez, que ladite Bellebarbe & Loubet le fassent ressusciter, pour les venir recevoir, pour ensuite faire condamner lesdits heritiers de leur en faire le payement ? Ne leur suffit-il pas que lesdits heritiers les ait soustraits dudit inventaire qui en a esté fait aprés sa mort ? qu'ils les ait rendus aux debiteurs, qu'ils n'en rapportent aucun, quoiqu'ils le ait condamnez de les tous rapporter par leurdite Sentence du 22 Aoust 1697, que lesdits heritiers l'ait même offert par icelle & d'en tenir compte à lad. Bellebarbe & Loubet. N'est-ce pas sur ce même fondement qu'ils les ont condamnez sur tous les autres articles ? Peuvent-ils faire des contrarietez si grossieres dans leurs décisions, estre si opposez à eux-mêmes, dans le jugé desd. art. & ce qui montre d'autant plus leurs contrarietez est qu'aprés avoir condamné lesdits heritiers par la Sentence du 22 Aoust, de rapporter tous les titres énoncés dans ladite prétenduë transaction, & qu'icelle ne pourra estre tirée à consequence contre ladite Bellebarbe & Loubet; tout au contraire, sans aucun motif, pretexte, ni fondement, ils déchargent par celle-cy, lesdits heritiers du rapport & remise desdits titres. Ils authorisent les remises effroyables par eux faites du montant d'iceux;

ils déboutent tacitement ladite Bellebarbe & Loubet de leurs demandes afin de
nullité de ladite transaction & de recellé des titres & effets y énoncez, & lui
laissent consequamment une pleine & entiere execution contre ladite Bellebarbe & Loubet, nonobstant qu'ils ayent jugé & ordonné qu'elle ne pourra avoir aucun effet ni estre tirée à aucune consequence à leur égard, par ladite Sentence
du 22 Aoust.

En septiéme lieu, que ladite Ordonnance de 1673, concernant les faillites &
banqueroutes frauduleuses remises & attermoyemens, à la disposition de laquelle
le jugé desdits articles, font de si vives atteintes & de si effroyables contraventions; bien que ceux qui font faillite portent également l'enseigne de Banqueroutiers, qu'on les confonde par les apparences; neanmoins les distingue par
leurs actions & par les peines qu'elle leur inflige differamment, & à leurs complices & adherans; elle fait la distinction des Banqueroutiers frauduleux d'avec
ceux qui par les accidens de fortune, les pertes arrivées en leurs biens, font
tombez en pauvreté, & ont esté contraints de faire faillite, qui font plus mal-
heureux que coupables; & voulant à leur égard retrancher les peines qu'elle
prononce contre les premiers, leur prescrit de donner un état fidele & veritable d'eux certifié, de tous leurs effets, tant mobiliers, qu'immobiliers; & de tous
ce qu'ils doivent, & d'en produire & communiquer à leurs creanciers les titres
& pieces justificatives, sans aucune fraude ni déguisement, & qu'en consequence les résolutions qu'ils prendront à la pluralité des voix, pour le recouvrement
desdits effets ou acquit des dettes, soient executées; que les voix des creanciers
prévalent, non pas par le nombre des personnes, mais par rapport à ce qu'il le u
fera dû, s'il monte aux trois quarts du total des dettes, & en cas de refus de
signer les déliberations par les creanciers dont les creances n'excederont le quart
du total des dettes, qu'elles feront homologuées en justice, & executées comme
s'ils avoient tous signé, sans déroger aux privileges fur les meubles, ni à celui
& hipoteque fur les immeubles, qui feront confervez, sans que ceux qui les auront, puissent estre tenus d'entrer en aucune composition, remise ni attermoyement, que les deniers comptans & ceux qui procederont de la vente des
meubles & effets mobiliers, feront mis és mains de ceux qui feront nommez
par les creanciers à la pluralité des voix.

En huitiéme lieu, que ledit Duvau n'avoit jamais eu ni ressenti le moindre
revers de fortune, laquelle au contraire lui avoit toûjours ri, comblé de bien-
faits & élevé à fon degré le plus éminent; aussi n'a-t-il pas exposé, ni aucune
perte ni accident; ni par lesdits Contrats fraudeux d'attermoyement, ni par ladite prétenduë transaction, qui portent en tout leur reprobation, ne contenant
pas un seul mot de verité, estant également remplis de dol, de fraude, de fourberie, d'artifice & de faussetez les plus grossieres & les plus manifestes, quoique
les plus étudiées; nuls par le deffaut de pretexte & de fondement, par celui de
l'état certifié, de tous les effets & dettes qui les a dû preceder & qui n'a jamais
esté ni fait, ni fourni; nuls, parce qu'il n'y a eu ni déclaration, ni remise de deniers comptans, ni effets mobiliairs, ni de vente faite d'iceux; absolument nuls,
parce qu'ils n'ont pas esté soufcrits par aucun creancier veritable dudit Duvau,
tous estant également faux & supposez, et le dû y énoncé; si effroïablement et si
manifestement nuls et frauduleux, que lesdits Juges eux-mêmes par ladite Sentence du 15 Decembre 1702 ordonnent que les condamnations qu'elle prononce
contre lesdits heritiers, au profit de ladite Bellebarbe & Loubet, ne leur pourront nuire ni préjudicier à cause de la prétenduë remise des deux tiers au total du principal & interests des Lettres de Change y mentionnées, portée par
lesdits prétendus contrats d'attermoyement fait avec ledit Duvau & sa femme,
pour raison de laquelle prétenduë remise ladite Bellebarbe & Loubet se pourvoiront tant contre lesdits heritiers de Jouy, que contre lesdits Duvau & sa femme, parce que non-seulement ils les ont veus pleins de tous lesdits vices & deffauts, mais encore remplis d'un entassement de contraventions les plus effroïa-
bles à toutes les regles & formalitez prescrites par ladite Ordonnance ausquel-
les il est le plus impossible de pouvoir déroger ni contrevenir en quelque sorte
ni maniere que ce soit, estant l'exemplaire & le modelle fur lesquels ces fortes
de contrats doivent estre formez, passez & executez; l'execution de l'Ordon-

nance, leur donnant l'estre parfait & celle des regles qu'elle prescrit, leur communiquant la vigueur & la force, annullant & anneantissant tous ceux où elle ne se rencontre pas.

En neuviéme lieu, que lesdits Juges ayant décidé par ladite Sentence du 15 Decembre 1701, sur la nullité, invalidité, reprobation, énormité du dol & de la fraude desdits contrats de prétenduë remise & attermoyement, sur le principe le plus certain & le plus inviolable de la disposition de l'Ordonnance qui ne laisse à leur devoir, leur ministere & leur fonction que l'application de leur declaration, de la nullité & cassation d'iceux; & l'ayant ordonnée sur ce que lad. Ordonnance ne veut pas que les creanciers hypotequaires soient tenus ni puissent estre contraints d'entrer en aucune remise ni attermoïement, & sur ce que l'hipoteque du dû desdites Lettres de Change resultoit non-seulement des Sentences de condamnation renduës sur icelles en 1683; mais encore dudit acte pardevant Notaire du 19 Aoust 1684, par lequel lesdits Duvau & sa femme avoient renoncé à servir desdits Contrats de prétendu attermoïement à l'égard dudit de Joui, tant pour le païement desdites Lettres de Change, que Billets, promesses, obligations, reliquats de comptes, que paiemens faits par ledit de Joui de leur ordre, à leur priere & en leur acquit au paiement, de toutes lesquelles sommes principalles en entier spécifiées & articulées par ledit acte qui sont les mêmes contenuës et énoncées dans ladite transaction, interests d'icelles, frais et dépens; lesdits Duvau et sa femme de lui authorisée, avoient affecté, obligé et hipothequé tous leurs biens, meubles et immeubles, presens et à venir, & consequamment sur ce même fondement, également invincible et inviolable; lesd. Juges n'ont pû se dispenser de casser et annuller entieremet ladite transaction, puisque la remise affreuse qu'elle contient, excede si-fort au dessus de celle des deux tiers portée par lesdits contrats & qu'elle n'est que de 646184 liv. de principal sur celui de 665185 liv.

En dixiéme lieu, qu'il n'en falloit pas d'avantage pour faire voir ausd. Juges dans le plus haut point de l'évidence, & leur faire toucher au doigt & à l'œil que cette transaction simulée n'estoit qu'une fourberie concertée, une fausse couleur une apparence trompeuse, un mauvais dol qui fait élever toutes les Loix, joint encore qu'ils ne peuvent pas ignorer la feinte & la simulation d'icelle, ny que le pernicieux dessein dans lequel elle avoit esté fabriquée ne fut pour frustrer ladite Bellebarbe & Loubet du payement des sommes y contenës, puisque lesd. heritiers en demandant eux-mêmes tout le contenu par ledit interrogatoire par eux subi le 16 Octobre 1696, dix mois aprés icelle, par lequel ils soûtiennent qu'ils n'ont rien receu des 4000 l. qu'on leur a fait reconnoître leur avoir esté payés sur lesd. 19000 l. ausquels ils ont réduit lesdits 665185 l. qu'ils n'ont délivré aucun des Titres de creance de cette grosse somme ausdits Duvau & sa femme, bien qu'ils declarent qu'ils les ont receus desdits heritiers & qu'ils les leur ont remis entre les mains, desquels ils promettent les aider toutefois & quantes qu'ils le requieront, & qu'au contraire ils demeurent d'accord & affirment que le seul dû de ladite femme Duvau monte sans celui du mari à 230000 liv. & que les actes & titres d'icelui & tous les effets desdites successions & communauté sont encore entre les mains dudit Nory, ce qui ne laisse rien à ajoûter au mal-jugé desdits Juges. Celui des billets payez par ledit de Jouy de l'ordre & en l'acquit dudit Duvau & sa femme ne peut estre plus effroyable, ils sont transcrits dans son Livre journal écrit de sa main fait inventorier par Duvau lui-même, ils montent en principal à 8141 l. 18 s. & non pas à 4258 l. ils font avec les interests 16690 l. 10 s. ils ont esté soustraits & recellez par ledit de Jouy, comme tous les autres qui concernent ledit Duvau & sa femme. Duvau les a allöuez en dépense ausdits heritiers dans un compte frauduleux qu'il leur a fait fabriquer le même jour de ladite transaction 9 Janvier 1696; et qu'il a clos et arresté dans le même instant. Cela parle de soy-même, n'a pas besoin de commentaire ni d'argument, la seule observation que lesdits billets sont exprimez et articulez dans ledit acte du 19 Aoust 1684, et que lesdits Duvau et sa femme ont promis d'en faire le payement en entier audit feu de Jouy et y ont affecté, obligé et hipothequé tous leurs biens, ne laisse encore rien à ajoûter au mal-jugé desd. Juges et à leur implication et contrarietez dans leurs décisions.

Celle

Celle qui regarde le débouté de la demande defdits 393499 liv. de Lettres de Change et que ladite Sentence dit 500000 n'eſt ni moins criante ni moins étonnante pour le comprendre d'une seule idée il n'y a qu'à obſerver :

1°. Que leſdits heritiers aiant enfin rapporté et produit ledit inventaire deſdites Lettres de Change et l'indemnité dudit Duvau, au bas d'icelui du paiement d'icelles du 1 Aouſt 1683, au profit dudit de Joui, montant à 509711 liv. deſquelles il en avoit eſté eſcompté par ſept particuliers pour 116212 l. et leſd. 393499 l. reſtans par ledit feu de Joui, comme il demeuroit prouvé, ſçavoir, pour leſdits 128395 liv. par ledit inventaire fait après le decez dudit de Joui que ledit Duvau y avoit fait inventorier lui-même, et pour les 265104 liv. reſtans par les Livres Journaux dudit de Joui, dans leſquels il eſtoit fait mention des jours, mois et an, qu'il les avoit faites negocier ou fait faire de tranſports d'icelles par ceux ſous les noms deſquels il les avoit miſes & en avoit receu le montant.

Ladite Bellebarbe & Loubet tant ſur ce fondement que ſur celui dudit acte du 19 Aouſt 1684, qui porte que toutes leſdites Lettres de Change eſcomptées par ledit de Jouy l. montent à ladite ſomme principale de 393499 l. & eſtre compriſes dans ledit inventaire du 1 Aouſt 1683, & que leſdits Duvau & ſa femme s'obligent de payer en entier audit de Jouy avec les intereſts, frais & dépens ; auroient formé leur demande afin de payement de ladite ſomme & intereſts contre leſdits heritiers, de laquelle ils n'ont pû eſtre déboutez que par un déni de Juſtice le plus qualifié, lequel par un contre-coup anneantiroit le jugé de lad. Sentence du 15 Decembre 1702, déchargeroit leſdits heritiers de la remiſe & repreſentation dudit acte du 19 Aouſt 1684 qu'ils reconnoiſſent avoir en leur poſſeſſion, dont il n'eſt point reſté de minute, de celle deſdits Livres Journaux, contre-lettres & déclarations deſdits preſte-noms, même du ſurplus deſdites Lettres de Change & condamnations ſur icelles qu'ils ont en leur pouvoir.

Ladite Sentence dit enſuite qu'à l'égard des autres demandes contre ladite veuve Duvau & leur fils, ladite Bellebarbe & Loubet juſtifieront des procedures faites en execution de l'Arreſt par deffaut obtenu contr'eux par ladite Bellebarbe & Loubet le 7 Septembre 1703.

Ladite Bellebarbe & Loubet diſent que cette contrarieté aux articles precedens en prouve le mal jugé, & que leſdits Juges ſont également par tout oppoſez à eux-mêmes.

Moyens de ladite Bellebarbe & Loubet contre le jugé de leurs quatriéme demandes en augmentation de recette, aux Chefs qui leur font préjudice.

Ladite Sentence dit que quand aux quatriéme demandes en augmentation de recette, ladite Bellebarbe & Loubet ſont deboutez des 1, 2 & 3 articles d'icelles, que l'art. 4 ſera rayé, attendu qu'il y a eſté prononcé ſur les art. 32 & 40 du ſecond Chapitre de recette.

Ladite Bellebarbe & Loubet ne connoiſſent rien au jugé deſdits art. par le changement qui a eſté fait de l'ordre de leurs demandes, et des tranſpoſitions d'icelles, et parce qu'il n'eſt fait aucune explication de ce que c'eſt, que leſdits articles, quel en eſt le dû, et quels debiteurs ils concernent.

Ladite Sentence dit qu'elle décharge leſdits heritiers de la demande portée par l'article 5 concernant le compte dudit Colombier Commis dudit Duvau, montant à 5942 liv.

Si le debet ſe trouve déchargé par ledit feu de Jouy avant la mort de ſa femme, ledit article eſt bien jugé, mais ladite Bellebarbe et Loubet n'en peuvent pas convenir qu'au préalable, ledit compte de Colombier arreſté le 1 Janv. 1683, par led. feu de Jouy, portant debet deſdits 5942 l. ne leur ait eſté communiqué en original, ainſi qu'ils l'ont requis et requierent.

Ladite Sentence dit ſur l'art. 6 concernant le ſieur Bernin de Tonlieu, que leſdits heritiers ſeront tenus de ſe charger en recette de la ſomme de 6200 l. y contenuë ; enſemble des intereſts d'icelle, & de rendre ladite dette auſſi exigible qu'elle pouvoit eſtre au jour du decez de ladite femme de Jouy, faiſant ladite ſomme avec les intereſts 14880 liv.

O

Ladite Sentence dit sur l'art. 7. concernant le sieur Londi , que lesdits heritiers seront tenus de se charger en recette de la somme de 4697 liv. d'une part , & de 4880 l. d'autre, mentionnées en la Sentence du 9 Juillet 1673 , ensemble des interests , comme effets recellez , & tenus de les rendre exigibles , tant en principal , qu'interests ; comme elles estoient au jour du decez de ladite femme de Iouy , faisant avec les interests 26336 l. 15 s.

Ladite Sentence dit sur l'art. 8. concernant les nommez Salard & Faurie , que lesdits heritiers seront tenus de se charger en recette de la somme de 6150 l. & des interests d'icelle , comme effets recellez , & de rendre la dette aussi exigible qu'elle estoit lors du decez de ladite femme de Iouy , faisant ladite somme avec les interests celle de 18450 liv.

Ladite Sentence dit sur l'art. 9 , concernant une Charge d'Huissier des Tailles , qu'il est permis à ladite Bellebarbe & Loubet de se retirer pardevers le sieur Testu , pour recevoir les 2400 l. y mentionnées , si faire se doit , à cet effet les pieces remises à ladite Bellebarbe & Loubet.

Le grief fait à ladite Bellebarbe & Loubet par le jugé de cet article , est épouventable. Il ne faut pas de raisonnement pour le prouver ; rien que la lecture des pieces inventoriées sous la cotte 89 dudit inventaire fait après le decez dudit de Jouy , qui portent qu'il a presté le 2 Septembre 1675 , au nommé Talva 2400 l. pour lever ladite Charge aux Parties Casuelles , & que ladite somme a esté baillée & délivrée au sieur Testu Receveur. Et Talva n'ayant pas pû avoir ladite Charge pour cette somme ; consent que ledit de Jouy la retiré dudit sieur Testu. Ce que n'ayant pû faire , il a gardé lesdites reconnoissances dudit Talva , dudit Prest , avec ledit consentement ; & les a soustraites & recellées au decez de sa femme. La consequence necessaire , est que ladite somme a dû estre déclarée effets recellez par ledit feu de Jouy , & lesdits heritiers condamnez d'en faire recette & des interests , qui font ensemble 4920 l. avec d'autant plus de raison qu'il y a plus de deux ans , que cette dette est entierement prescrite , faute de diligences , & qu'ainsi ladite Bellebarbe & Loubet sont sans action.

Ladite Sentence dit sur l'art. 10. concernant ce qui est dû par le nommé Bourgeois , par obligation du 16 Novembre 1683 , que lesdits heritiers seront tenus de se charger en recette de la somme de 479 l. 10 s. restante de celle de 807 l. 10 s. contenuë en ladite obligation , que ladite Sentence delare estre effet recellé , ensemble des interests d'icelle , & de rendre la dette aussi exigible qu'elle estoit au jour du décés de la femme de Iouy , sans que lesdits heritiers y puissent prétendre aucune part ni portion.

Griefs faits à ladite Bellebarbe & Loubet , par l'omission affectée , d'avoir prononcé sur onze articles , contenus dans lesdites demandes en augmentation de recette.

Le premier , est sur la demande de ladite Bellebarbe & Loubet , à ce que le dû à ladite Communauté de 1200 liv. contenus aux titres inventoriez sous la cotte 73 , de l'inventaire fait après le decez dudit de Jouy , & par lui recellez lors de celui de sa femme fussent declarez recellez , & sesdits heritiers condamnez de leur tenir compte de ladite somme & interests d'icelle , faisant 2460 liv.

Le second , sur autre demande , à ce que le billet de 187 l. 8 s. causé pour valeur d'autre Billet fait au profit dudit de Jouy , en 1685 , anterieurement au decez de sa femme , & par lui recellé lors d'icelui ; inventorié sous la cotte 20 , dudit inventaire , fut declaré effet recellé , & lesdits heritiers condamnez de leur en tenir compte & des interests , faisant ensemble 385 l. 3 s.

Le troisiéme , sur autre demande à ce que la quittance de 787 l. 17 s. & les 40 liv. inventoriez sous la cotte 19 fussent déclarez recelez & lesdits heritiers condamnés de leur en tenir compte & des interests , faisant 1600 l. 14 s.

Le quatriéme , sur autre demande , à ce que lesdits heritiers fussent condamnez de leur tenir compte de 60 l. contenus au billet dudit Duvau du 4 Octobre 1683 , inventorié sous la cotte 61 dudit Inventaire , declare recellé par lad. Sentence du 22 Aoust 1697 , & des interests , faisant 123 liv.

Les 5 , 6 & 7 , sur autres demandes , à ce que les effets inventoriez sous les cottes 70 , 71 & 72 dudit inventaire , fussent aussi déclarez recellez , & lesdits heritiers condamnez de leur tenir compte de la somme de 363 l. 3 s. 8 d. y contenuë & des interests , faisant 744 l. 10 s. 4 d.

Le huitiéme, fur autre demande, à ce que les effets inventoriez fous la cotte 81 dudit Inventaire, fuffent declarez recellez, lefdits heritiers condamnez de leur tenir compte de 657 l. y contenus, & des interefts faifant 1346 l. 17 f.

Le neuviéme, fur autre demande, à ce que les effets inventoriez fous la cotte 80 dudit inventaire, fuffent declarez effets recelez; lefdits heritiers condamnez de leur tenir compte de 161 l. y contenus & des interefts, faifant 331 l. 1 d.

Le 11, fur autre demande, à ce que les effets inventoriez fous la cotte 67 dud. inventaire, fuffent auffi declarez effets recellez, & lefdits heritiers condamnez de leur tenir compte de 207 liv. y contenus, & des interefts, faifant 424 l. 7 f.

Autres Griefs faits à ladite Bellebarbe & Loubet par d'autres omiffions premeditées de ne faire, ni veu, ni prononcé par ladite Sentence, fur cinq de leurs autres demandes & Requeftes incidantes, reglées.

La premiere, d'un dû de 1150 liv. contenus en deux des pieces inventoriées fous la cotte 57 dudit inventaire & interefts, faifant 2562 l. 10 f.

La feconde, d'autre dû de 1158 l. 6 f. 8 d. contenus en deux autres pieces inventoriées fous la même cotte & interefts, faifant 2374 l. 11 f. 4 d.

La troifiéme, d'autre dû de 2485 l. 9 f. contenus en quatre autres pieces inventoriées fous la même cotte & interefts, faifant 5095 l. 3 d.

La quatriéme, d'autre dû de 10482 l. 5 f. contenus en deux pieces, inventoriées fous la cotte 35, 9 fous la 68 & 24 fous la 93 & interefts, faifant 21488 l. 11 f.

La cinquiéme, d'autre dû de 16921 l. 12 f. 4 d. payez par ledit feu de Jouy, aux Officiers & Dames de la feu Reine, en l'acquit dudit Duvau dénommez en la Requefte du 17 Janvier 1704, & interefts, faifant 34688 l. 5 f. 8 d.

Ladite Sentence fait encore un autre grief à ladite Bellebarbe & Loubet, qui n'eft pas moins étrange, ni le déni de juftice moins criant que les precedens.

Le 20 May 1702, ladite Bellebarbe & Loubet auroient prefenté Requefte contenant demande contre lefdits heritiers, à ce que faute d'avoir fatisfait à ladite Sentence du 22 Aouft 1697, & rapporté les titres, papiers & enfeignemens dont ils ont efté chargez comme dépofitaires de Juftice, & y ont efté condamnez par icelle, compris aufdits Inventaires de 1686 & 1694, fous prétexte que cette condamnation ne prononce pas de contrainte par corps, bien qu'elle foit prefcrite par l'ordonnance. Il fut ordonné qu'ils feroient contraints, fuivant icelle de remettre & rapporter dans le jour les 702 pieces par eux fouftraits defdits inventaires dépradez, divertis & diffipez, & à faute de ce, déchus des 54000 l. à eux adjugez, & que toutes les demandes, fins & conclufions prifes par ladite Bellebarbe & Loubet leur feroient adjugées, & lefdits heritiers condamnez de leur payer la fomme de 150000 l. du montant, & juftifiez par lefdites pieces appartenantes à ladite Communauté, & en tous leurs dommages, interefts & dépens; & quoique cette demande eût efté contradictoirement plaidée & jointe à ladite inftance de compte, pour y eftre fait droit par Sentence du 23 dudit mois de May, que ladite Bellebarbe & Loubet euffent en confequence écrit & produit que leur production eût efté receue & reglée par ordonnance du 7 Juin enfuivant. Neanmoins par un boulverfement de l'ordre & des regles les plus inviolables, lefdits Juges n'en ont fait aucun vu, ni rien prononcé fur icelle, par ladite Sentence de compte à laquelle ils l'avoient jointe pour y faire droit; ce qui eft auffi étonnant quinouy.

Moyens de ladite Bellebarbe & Loubet contre le jugé de tous les Chapitres de prétenduë dépense & reprise dudit compte, aux Chefs qui leur font préjudice.

DÉPENSE.

PREMIER CHAPITRE.

Ladite Sentence dit que pour ce qui est de la dépense dudit compte, le premier cha-pitre contenant cinq articles, sera entierement alloué & les debets rayez.

Ladite Bellebarbe & Loubet soûtiennent que ledit chapitre a dû & doit estre entierement rayé. 1°. C'estoit l'unique fait dudit de Jouy, suivant la disposition des articles 116 & 131, de la Coûtume de Paris, ladite Anne Boyard estant Da-moifelle d'extraction & ayant fait annoblir ledit de Jouy. 2°. Qu'il estoit do-nataire d'icelle desdits 54000 liv. & usufruitier de tous ses biens. 3°. Qu'il a per-fidamment recellé & volé pour plus de 1400000 l. des meilleurs & plus exigibles effets de leur Communauté. 4°. Que la maladie de [ladite Anne Boyard n'a pas duré quatre mois, qu'elle a toûjours payé elle-même son Medecin & son Chi-rurgien, ne s'estant jamais servie des deux Medecins dénommez dans ledit cha-pitre, dont le premier afidé dudit de Jouy luy estoit suspect & en horreur, à l'é-gard du Chimique, elle l'a toûjours regardé comme un Chimerique ; aussi n'en est-il rapporté aucune quittance, non plus que des deux Chirurgiens dont on n'a pas sçû trouver le nom, joint que ladite Boyard n'a pas esté saignée plus de deux fois pendant sa maladie qui n'estoit que de tristesse & de langueur. Elle ne l'a pas du tout esté à Champigni où elle est morte le deuxiéme jour, comme les-dits heritiers le declarent eux-mêmes, et il faudroit qu'elle eût esté saignée cent fois dans moins de quatre mois pour employer avec vray-semblance 100 liv. pour des seignées.

DEUXIE'ME CHAPITRE.

Ladite Sentence dit que le deuxiéme Chapitre contenant 3. articles sera entierement rayé.

TROISIE'ME CHAPITRE.

Ladite Sentence dit qu'il contient 15 Articles montant ensemble à 452 liv. 8 sols qu'il a esté moderé, & ne sera alloué que pour la somme de 300. livres seulement.

Ladite Bellebarbe & Loubet soûtiennent que ledit chapitre a dû & doit estre entierement rayé par les raisons & moyens établis contre le premier, & ajoû-tent que c'est des deniers de la Communauté, que les frais d'enterrement ont esté payés ; ledit de Jouy n'ayant pas fait apposer les scellés sur les coffres & effets que ladite Boyard avoit fait porter audit Champigni, dans lesquels estoit ses plus riches habits, écuelle & couvercle de vermeil doré, flambeaux, mouchettes, porte mouchettes, culieres, fourchettes, saliere & pot à l'eau d'argent, son col-lier de perle de valeur de huit cens écus, qu'elle avoit de son premier mariage, sa croix, bagues, boucles & agraffes de diamens, sa montre & quantité d'autres bijoux & 366 Louis d'or en espece, sans l'argent blanc & monoyé que ledit de Jouy auroit souftrait & recellé comme les autres effets, qu'il auroit mis & fait rapporter dans le carosse qu'il avoit pris pour aller faire faire l'enterrement & n'auroit déclaré de tous lesd. effets par ledit inventaire de Communauté, que dix-huit louis d'or, 65 liv. en pieces de cinq sols, un coffre, un écritoire de bois de noyer, cinq draps & quelque menu linge.

QUATRIE'ME CHAPITRE.

Ladite Sentence dit que le premier article dudit Chapitre sera alloué pour neuf liv, qu'il est tiré, & le débat rayé, & les 2, 3 & 4, alloués pour moitié des sommes y contenuës & les debats sur iceux rayez.

Ladite Bellebarbe & Loubet soutiennent que ledit Chapitre a dû et doit estre entierement

entierement rayé par les raisons et moyens contre le premier, et le precedant ;
et de plus que lesdites 9 liv. concernant l'expedition du testament fait par lad.
Boyard en 1685, payées des deniers de la Communauté, trouvés sous les scellez,
seront inventoriées sous la cotte 50.

CINQUIE'ME CHAPITRE.

*Ladite Sentence dit que les articles 1, 2, 3 & 4, seront allouez pour moitié des sommes
y contenues & les debats rayez ; que quand à l'art. 5, tiré pour 5000 l. faisant moitié de dix
mille liv. sera rayé, faute de justifier d'aucuns payemens des dettes de la Communauté.*

Ladite Bellebarbe et Loubet soûtiennent que ledit Chapitre a dû et doit estre
entierement rayé par lesdites raisons et moyens, contre le premier ; et le troisiéme, et parce que les emplois des quatre premiers articles sont aussi faux que
celui du cinquiéme.

SIXIE'ME CHAPITRE.

*Ladite Sentence dit que le premier article tiré pour 54000 liv. est alloué & le debat rayé;
que le deuxiéme, pour les interests desd. 54000 liv. est pareillement alloué, le débat rayé
& renvoyé au calcul. Qu'à l'égard du troisiéme, pour les dépens adjugez par ladite Sentence du 19 Aoust 1695, sera fait droit, après que l'appel de la Sentence du 22 Aoust 1697,
aura esté jugé.*

Ladite Bellebarbe et Loubet soûtiennent que ledit Chapitre a dû et doit estre
entierement rayé.

D'autant en premier lieu que lesdits Juges ont ordonné que toutes les sommes
receuës par ledit de Jouy avant sa mort, demeureront imputées sur lesd. 54000 l.
et que les interests cesseront du jour qu'il les a receuës.

En second lieu, que ladite imputation & déduction faite desdits 54000 l. &
interests d'iceux sur les sommes contenuës dans lesdits deux Chapitres dudit
compte, receus, tant par ledit feu de Jouy avant sa mort, & sesdits heritiers
depuis icelle. Celles qui excedent lesdites 54000 l. & interests, & dont lesdits
heritiers demeurent reliquataires & débiteurs envers ladite Bellebarbe & Loubet, montent avec les interests à celle de 48100 l. 17 s. 9 d.

En troisième lieu, que lesdits effets & sommes recellées par ledit de Jouy,
lors de la mort de sa femme, & par lui receues depuis son decez, & sesdits heritiers depuis le sien, montent avec les interests à plus de trois millions, & ainsi
rien de plus injuste & plus insoutenable que le jugé desdits deux articles.

En quatriéme lieu, que la severité de tous les Parlemens, pour arrêter l'ava-
rice & la temerité des femmes qui enlevent furtivement les effets de leurs
maris : *Ne spe impunitatis fierent audacioræ,* les condamne à la restitution des choses soustraites, les prive de la part qu'elles y auroient peu prétendre, les déclare communes, & les oblige aux dettes des maris, nonobstant leurs remon-
trances & leur minorité, parce qu'elle n'excuse point en matiere de délit ; *Amo-
tio delictum est furto proximum,* leur ostent la suite de l'hipoteque, pour ce qu'il
leur pourroit estre deu, & déchargent même les maris de la restitution de leur
dot : Et à l'égard des maris qui ont perfidement & de mauvaise foi, *& animo furandi,* recellé & soustrait comme ledit de Jouy, les principaux effets de leur
communauté, les condamnerent à la restitution des choses recellées avec les
interests, les privent de la part qu'ils y pouvoient prétendre, ne leur reservent
aucune action, pour ce qui leur devoit estre acquis & avenir, tant en vertu de
leurs Contracts de Mariage & conventions y portées, qu'autrement ; tenant
pour constant qu'un mary qui est creancier, ou donataire de sa femme, se paye
par ses mains, quand il a assez de mauvaise foy pour la voler, & qu'il exige son
payement de celle qu'il met dans l'impuissance de le satisfaire, qu'il se fait une
confusion de plein droit en sa personne, & qu'il est reputé payé par ses mains ;
& cette jurisprudence n'est pas seulement suivie dans tous les pays coutumiers
qui admettent la communauté, & où elle est même de droit, mais aussi dans
les Coûtumes qui ne la reçoivent pas, & generallement dans tous les pays de
droit écrit qui n'admettent pas la communauté ; la peine du double qui s'inflige pour la punition des recellés qualifiés comme celui dudit de Jouy, dont il

P

ne s'est jamais veu d'égal, est établie par Maître Guy, Coquille, sur les art. des Coûtumes question 119, & l'usage en est confirmé par l'autorité des plus celebres Docteurs François, & la jurisprudence des Arrests qui a toûjours esté uniforme dans cette matiere tient lieu de Loy. A l'égard de l'autorité des Docteurs, tel est le sentiment de Maistre Charles du Moulin, sur la question 141 de Joannes Galli, de Chopin dans son Commentaire sur la Coûtume de Paris liv. 2. tit. 1. de Baquet au traité des droits de Justice chap. 21. Nombre 64, & de Mornac sur la Loy 12 au Code *ex quib. cauf. in fam. irrogat.* A l'égard de la jurisprudence des Arrests, Brodeau sur Monsieur Louet lettre R. Nombre 1. rapporte jusqu'au nombre de six Arrests qui l'ont ainsi décidé, depuis lesquels il en est intervenu plusieurs autres conformes qui ont establi une jurisprudence fixe & certaine; tels sont ceux de Coquet & de Boutifart de 1656. on considere le mary ou la femme qui ont recellé, comme les legataires qui negligens de prendre les legs par les mains des heritiers divertissent les choses leguées, *Non est dubium denegari actionem in suis rebus quas subftraxiffe eum de hereditate apparuerit.* Il en est de même de l'heritier qui ne déduit jamais la falcidie sur les choses fouftraites, suivant la Loy *refcriptum. ff. de his quibus ut indig.* & dans l'autentique, *de hæred. & falcidia hæredes si voluerint utilitate falcidiæ frui, puram fervent legis poteftatem, & non per ea qua forte furripiunt aut malignatur, introducant falcidias.* Il y a une décision aussi formelle en la Loy *Paulus. ff. ad fenatufc. trebell. Si quofdam res hæreditarias hæres furatus eft, in rebus quas fubftraxit, petitio ei denegatur,* & ces fouftractions ont toûjours paru si odieuses, qu'encore que par les Ordonnances les parens au degré prohibé, & les domeftiques ne puiffent pas fervir de témoins; l'on n'a pas laiffé de les recevoir dans tous les Parlemens quand il a esté question de recelé, & on a jugé qu'il n'y avoit que les parens & les domeftiques qui pouvoyent dépofer dans les crimes cachez, comme font l'ufure, l'adultaire, & le recellé, & la reftitution des chofes recellées eft si jufte, que le mari & la femme en font également tenus, *tenetur ut prædo.* eftant en cela reputez eftrangers; & l'on en ufe comme à l'égard de l'heritier, *qui poftquam abftinuit, amovit,* la Loy, *si fervum,* §. dernier. *ff. de acquirenda, vel omittenda hæreditate,* veut que *furti potius tenetur creditoribus, etiam qui femel fe abftinuit quemadmodum ex poft delicto obligatur,* & par cette raison les uns & les autres peuvent être pourfuivis extraordinairement. L'on confidere deux chofes dans le vol & dans le recellé, la premiere eft, *ipfe actus furandi.* La 2 *res furto ablata cum vindicta civili & intereffe partis,* d'autant que pour ce qui eft de la peine afflictive qui accompagne le crime, & en eft le chatiment, *Ipfa morte tollitur, nec tranfit in hæredem:* mais quand il s'agit *de perfecutione & vindicta rei furtivæ, perfecutoria eft in rem & in vindictam actio quæ in hæredem datur cum fuo intereffe.* Ce n'eft pas tant une peine qu'une jufte fatisfaction des dommages & interefts qui procedent du vol & recellé qui a efté fait, & c'eft dans ce fens que le chapitre dernier, *extr. de fepultur.* décide que la peine paffe contre les heritiers, & c'eft avec grande juftice que ces peines ont efté introduites, & qu'il eft de la plus forte confequence qu'elles foient rigoureufement executées, car autrement ce feroit inviter un mary, ou une femme furvivants de piller & fouftraire tous les principaux, meilleurs & plus exigibles effets des communautez comme a fait ledit de Jouy de la fienne, bien que la richeffe & l'oppulence en fût entierement deue à ladite Boyard fa femme, qu'il n'y eût eu rien contribué, qu'elle l'eût tiré du neant & de la fervitude, fait annoblir & pourvoir de Charges les plus lucratives.

En quatriéme lieu, qu'il eft eftonnant de dire par lefdits Juges fur le 3 art. dudit Chapitre, qu'il fera fait droit fur les dépens de la Sentence du 19 Aouft 1695; qui ne vont pas à 12 l. après le jugement de l'appel de celle du 22 Aouft 1697, auquel lefdits heritiers ont renoncé & aquiefé à icelle, & les dépens qu'ils font condamnez envers ladite Bellebarbe & Loubet, tant par icelle que par celle dont il s'agit, vont à plus de 50000 l.

SEPTIE'ME CHAPITRE.

Ladite Sentence dit, *que le Chapitre qui concerne les fommes preftées par ledit de Jouy aux sieur & damoifelle Bertraud; dont ladite Bellebarbe & Loubet font tenus, contenant 23 art. fera reformé, alloué & tiré pour la fomme de 522 l. 5 f. fçavoir 500 l.*

10 *f. faifant moitié de* 1001 *l. portées par les billets, promeffes & obligations dudit Ber-traud, le furplus des demandes contenues audit Chapitre & les debats rayez.*

HUITIE'ME CHAPITRE.

Ladite Sentence dit, *que ledit Chapitre pour les interefts de ladite fomme du pre-cedent fera rayé.*

NEUVIE'ME CHAPITRE.

Ladite Sentence dit, *que ledit Chapitre contenant* 12 *art. fera entierement alloüé pour moitié de la fomme à laquelle fe trouveront monter les frais legitimement faits par lefdits he-ritiers de Jouy pour le recouvrement des effets de la fucceffion, & les débats formez fur les art. dudit Chapitre rayez.*

Ladite Bellebarbe & Loubet foutiennent que ledit Chapitre a deu & doit eftre entierement rayé, eftant faux & fuppofé que lefdits heritiers ayent fait aucuns frais ny pourfuites, que contre un feul débiteur 12 ans aprés fa dette prefcrite, ce qui les a fait condamner aux dépens.

DIXIE'ME CHAPITRE DE REPRISE.

Ladite Sentence dit, *que l'art. premier dudit Chapitre fera rayé.*
Ladite Sentence dit, *que les* 2 *&* 3 *demeureront pour bien repris.*
Ladite Bellebarbe & Loubet foûtiennent que lefdits art. ont deu & doivent eftre rayés, le 2 eftant le 4 du 2 Chapitre de recepte, fur lequel lefdits Juges ont ordonné qu'il demeurera imputé avec les interefts du jour du decez dudit de Jouy fur lefdits 54000 l. & confequament ne peut pas demeurer pour bien repris ; le 3 eft le 8 dudit 2 Chapitre de recepte qui reçoit la même impoffibili-té, eftant ordonné fur icelui en ces termes : *l'art.* 8. *tiré pour* 90 *l. faifant moitié de* 180 *l. à caufe de la promeffe du fieur Saccafe, fera auffi accordé pour la fomme y con-tenuë & interefts d'icelles avec pareille imputation.*
Ladite Sentence dit, *que les* 4 5 *&* 6 *art. dudit Chapitre feront rayés.*
Ladite Sentence dit, *que l'art.* 7 *tiré pour* 2200 *l. eft accordé pour bien repris.*
Ladite Bellebarbe & Loubet foutiennent que ledit article a deu & doit eftre rayé eftant le 21 dudit 2 Chapitre de recepte, qui n'eftoit tiré que pour 60 l. à la charge de reprife, & qu'il a efté ordonné fur icelui que lefdits heritiers fe chargeroient de 2200 l. à la charge de reprife faifant moitié de 4400 l. & ce at-tendu que ladite Bellebarbe & Loubet ont recouvré, rapporté & produit les quittances par devant Notaires, du payement reçû par ledit de Jouy avant fa mort & depuis celle de fa femme du total defdites 4400 l. & interefts.
Ladite Sentence dit, *que les art.* 8 *&* 9, *font accordez pour bien repris.*
Ladite Bellebarbe & Loubet foutiennent que lefdits art. ont deu & doivent eftre rayés, ayant efté ordonné par le Juge d'iceux fur ledit 2. Chapitre de re-cepte, fauf à débatre la reprife, ou le deu defdits art. ne fe trouveroit pas exi-gible, à caufe des prefcriptions aquifes, fautes de pourfuites & diligenfes, & de-crets intervenus faute d'oppofitions, tous lefquels deffauts s'y rencontrent, & en outre le decez des débiteurs, & la vante de leurs effets mobiliers faute d'op-pofitions aux decrets.
L'art. 10. *a efté rayé par lefdits heritiers eux-mêmes.*
Ladite Sentence dit fur l'art. 11, *que la reprife eft bonne pour* 500 *l. feulement.*
Ladite Bellebarbe & Loubet foutiennent que ledit art. a deu & doit être en-tierement rayé, par les mêmes raifons & moyens defdits art. 8 & 9.
Ladite Sentence dit fur l'art. 12, *que les pieces feront rendues à ladite Bellebarbe & Loubet, ainfi qu'il a efté ordonné fur l'art.* 27 *dudit* 2 *Chapitre de recepte.*
Ladite Bellebarbe & Loubet foutiennent que le jugé dudit art. eft l'erreur de fait & l'abfurdité les plus groffieres, qu'il concerne l'art. 26 & non pas le 27, qui eft de Robert Berquin de 600 l. dont la reprife doit être rayée fur les mê-mes moyens defdits art. 8 & 9.
Ladite Sentence dit fur l'art. 13 *concernant l'obligation du nommé Artus de* 10000. *l. qu'il doit eftre accordé pour biens repris.*

Ladite Bellebarbe & Loubet foûtiennent que ledit art. doit eftre rayé, ladite Obligation eftant du 15 Octobre 1667, plufque prefcrite faute de diligences.

Ladite Sentence dit fur l'art. 14. qu'à l'égard des billets de 1662 & 1665, la reprife rayée, & qu'à l'égard de ceux de 1667 & 1676; la reprife accordée & le débat rayé.

Ladite Bellebarbe & Loubet foûtiennent que ledit art. doit être entierement rayé, tous les billets étant plus que prefcrit faute de pourfuites & diligences.

Ladite Sentence dit fur les art. 15 & 16, concernant Houffeu, que la reprife eft bonne pour 771 l. 12 f. feulement

Ladite Bellebarbe & Loubet foûtiennent que lefdits art. doivent eftre entierement rayés, par les raifons & moyens par eux établis contre le jugé des art. 39 et 40 dudit fecond Chapitre de recepte concernant tout le deu dudit Houffeu.

Ladite Sentence dit, *que l'art. 17. eft accordé pour 2000 l.*

Ladite Bellebarbe et Loubet foûtiennent que ledit art. a deu et doit eftre entierement rayé par les raifons et moyens defdits art. 8 et 9.

Ladite Sentence dit, *que les art. 18, 19 & 20 font accordés pour biens repris.*

Ladite Bellebarbe et Loubet foûtiennent que lefdits art. ont deu et doivent eftre entierement rayés, non feulement par les raifons et moyens defdits art. 8 et 9, mais encore que ledit art. 18 eft le 43 dudit 2 Chapitre de recepte, le jugé duquel fera rapporté icy mot à mot, pour montrer de la contrarieté defdits Juges avec eux-mêmes, et combien ils font diffipés dans leurs décifions, et quel bouleverfement cela leur fait faire des regles les plus immuables.

L'art 43 tiré à la charge de reprife pour la fomme de 1294 l. 13 f. 4 d. faifant moitié de 2589 l. 6 f. 8 d. à caufe des promeffes inventoriées fous la cotte 39 de l'Inventaire fait aprés le decez de ladite Anne Boyard, fera reformé & tiré, fçavoir pour 664 l. purement & fimplement pour moitié de 1328 l. 13 f. 4 d. à quoy montent le contenu en cinq billets non rapportés, & pour les interefts qui en font écheus depuis le decez dudit de Jouy, & à l'égard des 3 autres non rapportez, lefdits heritiers feront tenus de fe charger en recepte de la fomme de 550 l. faifant moitié de 1100 l. à quoy ils montent auffi fans aucune reprife, & à l'égard du billet du 17 Juillet 1683, fe chargeront lefdits heritiers de moitié de la fomme de 160 l. y contenue à la charge de reprife.

Cela parle de foy-même & n'a pas befoin d'autre raifonnement que des obfervations fuivantes, l'une que le billet de 1683. eft un billet de change prefcrit par 5 ans, faute de pourfuites fuivant l'ordonnance, l'autre que l'obligation de l'art. 19 eft auffi prefcrite par le même deffaut; & l'autre qu'à l'égard de celle de l'art. 20. de la veuve Houffeu, les moyens eftablis par ladite Bellebarbe & Loubet contre le jugé de l'art 47 dudit 2 Chapitre de recepte qui la concerne, prouvent la fauffeté de cette reprife, & que ledit feu de Jouy avant fa mort avoit efté entierement payé du contenu dudit art. comme les pieces y raportées le juftifient.

Ladite Sentence dit, *que l'art. 21 eft accordé pour 8300 l. feulement.*

Ladite Bellebarbe & Loubet difent que c'eft l'art. 48, defdites deuxiémes demandes en augmentation de recette, & qu'il doit eftre entierement rayé, par les raifons et moyens par eux établis contre le jugé d'icelui.

Ladite Sentence dit que les art. 22, 23, 24, 25 & 26 feront rayez.

Ladite Sentence dit que l'art. 27 & dernier de ladite reprife demeurera accordé pour bien repris.

Ladit Bellebarbe & Loubet foûtiennent qu'il doit eftre rayé par les mêmes raifons & moyens pas eux eftablis contre ledit art. 8 & 9, cy-deffus.

Lefdits Juges finiffent le jugé de ladite Sentence en difant, *que quand aux autres demandes de ladit Bellebarbe & Loubet à l'encontre de Maiftre Jean Merelle en fon nom, & ledit Jacques Colombié, afin de demeurer refponfables de leurs dommages & interefts, à caufe des titres & pieces de ladite fucceffion & communauté dudit de Jouy, qui avoient efté inventoriés & dont ledit Colombié avoit efté chargé par juftice, & par lui rendus aufdits heritiers de Jouy, dont il a juftifié de la décharge par une Sentence par défaut, obtenuë par ledit Merelle, fans qu'elle ait efté fignifiée qu'un an aprés fa datte à ladite Bellebarbe & Loubet; les Parties font mifes hors de cour & de procez; & les termes injurieux inferez dans les écritures au procez rayez, dépens compenfez entre ledit Merelle, Colombié & ladite Bellebarbe & Loubet, & fur toutes les autres demandes d'entre lefdits heritiers & ladite Bellebarbe & Loubet qui ont efté auffi jointes à l'inftance de compte,*
les

les Parties aussi mises hors de cour & de procez; & lesdits heritiers en ladite qualité d'heritiers beneficiers condamnez en la moitié des dépens, & en tous les frais de la visitation & cout de ladite Sentence, les autres compensez.

L'énormité des griefs faits à ladite Bellebarbe & Loubet par cette fin de jugé de ladite Sentence, excelle sur celle des precedants : pour le voir dans toute son évidence, il est important d'observer :

En premier lieu, que le 12 Mars 1695 ladite Bellebarbe auroit presenté Requeste audit sieur Lieutenant Civil, à ce qu'attendu que ledit René de Jouy & Colombié estoient gens notoirement insolvables, qu'ils dissipoient & consommoient tous les effets actifs & deniers contans desdites successions & communeauté, & les laissoit perir faute de poursuites; il lui fut permis de faire assigner ledit René de Jouy & Colombié gardiens & dépositaires desdits effets, pourvoir, dire & ordonner, qu'ils seroient par eux délivrez & mis és mains de ladite Bellebarbe, à ce faire contraints, & lesdits heritiers condamnez de lui rendre compte des biens & effets de ladite communauté; & qu'il lui fut permis de faire saisir & arrester iceux és mains des débiteurs & redevables, sans préjudice à l'action de recellé par elle intentée, & à ses autres droits & actions; & en vertu de ladite Requeste & permission, elle auroit le 16 dudit mois de Mars fait assigner lesdits heritiers & ledit Colombié, & le 24. fait saisir és mains dudit du Vau & sa femme, et en celles de ladite veuve Pellé, veuve Colbert des Postes, dudit Frichet, dudit Nori & autres, tous & chacuns les deniers, rentes, billets, Lettres de Change, contre-lettres, effets & autres choses qu'ils avoient en leurs mains, devoient ou devroient ausdites successions & communauté, avec les defenses accoutumées & assignations pour affirmer.

En second lieu, que ledit Urbain de Jouy estant arrivé en cette ville le dernier dudit mois de Mars, ledit Duvau auroit couru dire audit Merelle qu'il s'agissoit de continuer à lui rendre service, qui estoit de porter ledit Urbain de Jouy de retirer tous lesdits titres & effets dudit Colombier, & de l'engager avec ledit René de Jouy, son Oncle, de s'accommoder avec lui, & lui remettre tous les titres justificatifs de son deu & sa femme à ladite Communauté, qu'il lui feroit telle gratification qu'il voudroit, ce que ledit Merelle dans l'indigence & le desordre de ses affaires se feroit obligé de faire; & pour mieux l'executer, auroit d'abord fait venir loger chez lui & pris en pension lesdits René & Urbain de Jouy, pour les mieux obseder, & estant facilement parvenu à leur persuader la necessité pressante qu'il y avoit qu'ils se fissent promptement deslivrer lesdits effets & titres par ledit Colombié; & qu'à cet effet ils lui fissent une gratification moyennant laquelle il n'exiteroit pas à les leur remettre; cela auroit esté effectué, & ledit Colombier leur en auroit fait la remise, en la presence & dans la Maison dudit Merelle, où il auroit tout porté.

En troisiéme lieu, que cela n'auroit pas esté plutost fait, que ledit Merelle auroit dit ausdits heritiers qu'ils voyoient bien que tous les principaux meilleurs, & plus exigibles desdits effets avoient esté soustraits & recellés par ledit feu de Jouy, qu'ils n'y pouvoient rien avoir ny prétendre que la peine du recellé, qu'ils n'avoyent que la seule voye de les soustraire, s'en accommoder avec tous les débiteurs, leur faire de grosses remises, prendre le plus d'argent contant qu'ils en pourroient tirer du restant, & pour le surplus de billets au porteur sous des noms estrangers, leur rendre les titres de leur deu & tout changer de nature, & commencer d'abord par ledit Duvau & sa femme qui en estoient les principaux & les plus forts.

En quatriéme lieu, que pendant cette machination, ledit Merelle se feroit constitué Procureur pour lesdits heritiers & ledit Colombié sur ladite assignation à eux donnée à la Requeste de ladite Bellebarbe, le 16 dudit mois de Mars, & au lieu de fournir des défenses sur le fonds, il auroit le 19 Avril ensuivant requis des délais pour lesdits heritiers, *in favore* de l'Ordonnance : Et à l'Egard dudit Colombié, il avoit dit qu'il estoit prest de remettre lesdits titres & effets és mains de qui il seroit ordonné, quoy qu'il les eût remis ausdits heritiers en presence de lui Merelle & chez lui, dés le 3 dudit mois d'Avril, 16 jours auparavant.

En cinquiéme lieu, que le 25 dudit mois d'Avril ladite Bellebarbe auroit presenté & signifié autre Requeste audit Merelle, comme procureur desdits heri-

Q

ritiers & dudit Colombié, à ce qu'en attendant ledit compté de Communauté, il fut ordonné que les billets & Lettres de Change en dépendans, avec les autres titres & pieces du deu & à prendre sur ledit Duvau & sa femme, les heritiers du sieur Marais, ledit Frichet, lesdites veuves Pellé & Colbert des Postes, ledit Nori, ledit Colombié & autres, lesquels sont és mains dudit Colombié gardien & dépositaire, lui seroient incessament remis pour en estre fait le recouvrement sauf à elle d'en tenir compte, & qu'à lui délivrer iceux, ledit Colombié seroit contraint comme dépositaire, & en cas de difficulté, qu'il fut ordonné que sur iceux elle auroit une provision de 6000 l. à prendre sur lesdits billets & Lettres de Change, & autres titres & pieces justificatives desdits deus, lesquels lui seront à cet effet mis entre les mains.

En sixiéme lieu, que les choses en cet état ladite Bellebarbe auroit découvert que lesdits heritiers par l'instigation & provocation dudit Merelle, ses entremises & negotiations criminelles avoient rendu audit Duvau et sa femme tous lesdits titres justificatifs de leur deu à ladite communauté, et à quantité d'autres débiteurs, à tous lesquels ledit Merelle leur avoit fait faire les diminutions et les remises les plus exhorbitantes et les plus affreuses, en consideration des pots de vin qu'il en avoit tirés; qu'il avoit de plus pour couvrir l'induë remise qu'il avoit engagé, et persüadé ledit Colombié de faire ausdits heritiers desdits titres et effets de ladite communauté, fabriqué une Sentence par défaut et antidaté icelle du 28 May de ladite année 1695, et favorisé l'absence & la fuite desdits heritiers avec le plus d'argent qu'ils avoient peu emporter, se seroit rendu recelleur des billets qu'ils n'avoient peu negocier, et des effets dont ils n'avoient encore peu traiter ny disposer, rendu fauteur et adherant de leur dépradation, dissipation et banqueroute, elle en auroit rendu plainte, fait informer et obtenu decret, tant contre ledit Merelle que lesdits heritiers.

En septiéme lieu, qu'il n'y a jamais eu de preuves plus entieres, plus pleines, & plus parfaites que celles que ladite Bellebarbe & Loubet rapportent, & que ledit Merelle a fourni lui-même de sa conviction, d'avoir faussement fabriqué ladite Sentence, antidatée du 28 may 1695, & supposé la demande du 18 du même mois y énoncée, d'avoir sans aucune signification d'icelle, à qui que ce soit, pas même audit Colombier, fait remettre par icelui lesdits titres & effets ausdits heritiers, les leur avoit fait soustraire, dissiper, déprader & rendre aux debiteurs & receu d'iceux des gratifications & pots-de-vin; que ces preuves resultent & sont invinciblement établies, 1°. De ladite Requeste & assignation donnée audit Colombier ledit jour 16 Mars 1695, afin de remise desdits titres & effets à lad. Bellebarbe, qui est plus de deux mois auparavant la fausseté de ladite Sentence du 28 May, & demande y énoncée. 2°. Desdites deffenses signifiées contre ladite demande par ledit Merelle à la Requeste dudit Colombier & heritiers le 19 Avril. 3°. De ladite seconde demande de ladite Bellebarbe du 25 dudit mois d'Avril contre ledit Colombier & heritiers, signifiée audit Merelle le 27 dudit mois de May. 4°. De la signification faite par ledit Merelle, comme Procureur desdits heritiers & Colombier, ledit jour 28 May 1695, à Me Quelier Procureur de ladite Bellebarbe de comparoir le Mardy lors prochain dernier dudit mois de May pour plaider la cause d'entre les parties, ce qui prouve par lui-même la fausseté & la supposition qu'il y eut eu aucune Sentence de renduë le même jour 28 May. 5°. De la sommation que ledit Merelle auroit encore fait faire le premier Juin ensuivant de la même année audit M. Quelier Procureur de ladite Bellebarbe, de communiquer dans le jour, si fait n'avoit esté à M. Brochard Avocat du Roy, les pieces sur lesquelles elle prétendoit établir lesdites demandes contre lesdites heritiers & Colombier, sinon faute de ce faire, il déclare qu'en consequence de la communication que lesdits heritiers & Colombier ont fait faire audit sieur Brochard de leurs pieces, ils poursuivront l'Audiance le Vendredy ensuivant 3 dudit mois de Juin, pour obtenir leurs conclusions contre ladite Bellebarbe, & que M. Maurice Avocat est chargé de leur cause, & consequamment rien de plus clair ni de mieux convaincu que la fausseté & la supposition de ladite Sentence du 28 May precedant que par ledit Merelle lui-même. 6°. De la signification faite par ledit Merelle à M. Daviler Procureur, plus ancien des creanciers opposans audit scellé le 3 Mars 1696, de ladite fausse Sentence antidattée du 28 May 1695, qui manifeste si fortement sa reprobation, fabrication & fuppofition, ne faifant mention d'avoir efté renduë qu'avec ledit, M. Daviler feul. 7°. De la fignification & dénonciation faite par ledit Daviler audit Quelier le 19 dudit mois de Mars 1696 de l'acte par lui fignifié le même jour audit Merelle, par lequel il lui déclare qu'il protefte de nullité de la fignification qu'il lui a faite le 3 du même mois de Mars 1696, de ladite prétenduë Sentence du 28 May 1695, attendu qu'il paroift que ladite Sentence n'a efté renduë qu'avec lui Daviler, ce qui ne peut eftre que par furprife, vu que ledit Merelle l'a dû faire juger & y comprendre principalement les heritiers de la femme dudit de Jouy, décedé fans enfans, protefte pareillement de tout ce qui pourroit avoir efté fait, fous prétexte de ladite Sentence du jour qu'elle a efté renduë & délivrée, jufqu'au jour de la fignification ; & pour avoir acte de ladite proteftation, déclare qu'il dénoncera inceffamment audit Quelier Procureur des heritiers de ladite femme de Jouy, afin qu'il n'en ignorent, & puiffent enfeigner de moyens à lui Daviler audit nom pour l'intereft des creanciers oppofans, d'autant qu'aucun d'eux n'eft compris dans ladite Sentence, ainfi qu'il eftoit du devoir dudit Merelle, comme Procureur provocant ledit fcellé. 8°. De la réponfe dudit Merelle fur l'art. 3 de fon dernier interrogatoire par laquelle il convient eftre de fa connoiffance, qu'il n'eft pas permis aux heritiers beneficiaires de faire des remifes, traites, ni tranfactions, de celles aux art. 5, 6 ; 9, 11, 12, 15, 16, 17, 18, 19, 21 & 22, par lefquelles il demeure d'acord d'avoir perfuadé les débiteurs de ladite Communauté, tant dans fon étude que chez ledit de Forges Notaire, qu'ils pouvoient valablement payer & tranfiger avec ceux dudit de Jouy, que ladite Bellebarbe ne pouvoit rien prétendre aux effets de ladite Communauté ; & que les titres & effets rendus par lefdits heritiers aufdits debiteurs, ne font que de ceux inventoriez par ledit dernier inventaire, qu'il les a affifté de fes confeils à la paffation des actes qu'ils ont faits avec ledit Duvau & fa femme & autres débiteurs, & qu'ils ont pû difpofer du tout, comme bon leur a femblé, de même que s'ils eftoient purs & fimples, qu'il eft de fa connoiffance qu'ils ont fait de groffes remifes audit Duvau & fa femme & fur un billet de 1000 l. audit Frichet, qu'ils ont pris de billets & Lettres de Change fur des Banquiers, pour ce qu'ils avoient touché d'argent comptant afin de l'emporter ; qu'ils l'ont fait de leur mouvement, fans fa participation ; qu'ils lui ont laiffé deux billets & promeffes de 500 l. chacun, qu'il a conduit avec fon fils ledit René de Jouy lorfqu'il s'abfenta, & que ledit Urbain de Jouy s'eftoit abfenté le 10 Mars 1696, le lendemain que la plainte de ladite Bellebarbe lui fut fignifiée. 9°. Des 2, 3, 4 & 6 prétendus moyens établis par ledit Merelle dans fon inventaire, fervant de remontrance fur ladite pourfuite extraordinaire contre lui faite en fon nom, par lefquels il déduit, dit & déclare que quand il a confeillé aufdits heritiers d'aller chez les debiteurs de la Communauté leur faire de remifes, leur donner du temps & leur a fait toucher la plus grande partie des fommes dûës à ladite Communauté ; c'eft un office d'ami pour accelerer leurs affaires & empêcher qu'ils ne confommaffent pas à Paris lefdits effets & fommes ; que cela ne fait aucun tort à ladite Bellebarbe, puifque lefdits effets font couchez dans les inventaires, & que lefdits heritiers font tenus de lui en rendre compte fur le pied qu'ils y font employez, que quelques remifes qu'ils en ayent faites, la perte n'en eft que pour eux, que d'avoir moyenné ces remifes, diffuadé les debiteurs de la crainte qu'ils avoient de mal payer, & dit que ladite Bellebarbe ne pouvoit rien prétendre à ces fucceffions & Communauté. Un Procureur peut faire d'autres chofes que fes procedures, faire d'autres pas, rendre d'autres fervices fur le fait des affaires qu'il eft chargé pour les parties qu'il affectionne, qu'il n'a fait en cela que tout ce que tout autre auroit fait auffi-bien que lui, qu'il n'importe en rien à ladite Bellebarbe qu'il ait receu de Pots-de-vin, que cela n'entre pas fur fon compte, comme il l'a déja dit ; que les procedures qu'il a faites dans l'affaire lui ont fait connoiftre que lefdits heritiers avoient droit d'abforber toutes lefdites fucceffions & Communauté ; que quand il leur auroit fait toucher tous les effets d'icelles, il n'auroit pas commis d'infidelité, fraude, ni d'exception envers ladite Bellebarbe. 10. Des 11 & 12 autres prétendus moyens dudit Morelle, par lefquels il dit que lefdits heritiers donnerent Requefte verbale le 18 May 1695, à ce que lefdits titres & effets leur fuffent remis, que les Procureurs n'y trouverent aucun inconvenient, & que lefd.

titres fuſſent és mains dudit Colombier ou deſdits heritiers; cela ne portoit aucun changement & ne donnoit aucune atteinte aux droits de ladite Bellebarbe;
qu'ils conſentirent ladite Sentence du 28 May 1695, qui fut regiſtrée par le Gref-
fier, & par la réponſe dudit Merelle au neuviéme article dudit interrogatoire;
tout au contraire, il a dit et ſoûtenu que ladite Sentence avoit eſté renduë contradictoirement à l'Audiance avec les Procureurs; & par ſa réponſe à l'art. 3.
il convient que le 27 dudit mois de May 1695, ladite Bellebarbe lui a fait ſignifier une demande incidante contre ledit Colombier & leſdits heritiers, & que
lui Merelle a fait ſignifier un avenir le lendemain 28 dudit mois de May, donc
manifeſtement & abſolument faux que ce même jour il y eût eu de Sentence
paſſée ni renduë contradictoirement à l'Audiance. 11. De ce que ledit Merelle
dit dans ſon 25 moyen dudit inventaire, qu'il n'a pas tenu à lui que ladite Sentence n'ait eſté ſignifiée, mais aux Huiſſiers entre les mains deſquels il l'avoit
miſe avec les coppies qu'il en avoit faites pour cet effet, & qu'ils lui ont tout
retenu, que cela l'a obligé d'en lever un autre expedition & de la faire ſignifier le 3 Mars 1696, pour la produire, donc abſolument faux qu'elle eût eſté ſi-
gnifié audit Colombier le 3 Juin 1695, ni qu'elle lui eût eſté connuë ni en coppie ni en original, & que ledit Colombier eût fait la remiſe deſdits titres & effets ſous le faux prétexte d'icelle depuis ſon antidate qui n'exiſtoit que dans la
malignité de l'idée dudit Merelle, puiſque leſdits heritiers & ledit Colombier
ont déclaré dans leur *Factum* de l'Inſtance ſur laquelle eſt intervenu ladite Sentence du 22 Aouſt 1697, que ledit Colombier a remis leſdits titres & effets aud.
Urbain de Jouy le ſur-lendemain de ſon arrivée en cette Ville qui a eſté le
dernier Mars 1695, & que cela n'a eſté proprement que les changer de la main
dudit Colombier en celle dudit Urbain de Jouy, ſans autre formalité; ce qui ne
laiſſe rien à ajoûter à la fauſſeté & à l'antidate de ladite remiſe poſterieure
de deux mois à ladite remiſe, et la ſignification de plus d'un an entier.
En huitiéme lieu, que ſur la force d'une ſi grande quantité de preuves que
ledit Merelle eſtoit l'auteur et le fauteur de tous cet horrible deſordre; qu'il avoit
dans ſa fonction et abuſant d'icelle, commis les prévarications et les fauſſetez
les plus odieuſes, qu'il eſtoit tombé dans tous les cas les plus prohibez, qui font
élever et excitent le plus toute la ſeverité des Loix; que de quelle maniere qu'on
pût regarder l'énormité de ſon procedé, et les mauvaiſes voyes dont il avoit
uſé, tout en agravoit l'iniquité, montroit l'égarement de ſa conduite et ſa paſ-
ſion dominante de cupidité, ladite Bellebarbe auroit preſenté ſa Requeſte à ce
que ledit Merelle fut declaré atteint et convaincu d'avoir ſuppoſé ladite demande et Requeſte verballe deſdits heritiers, contre ledit Colombier dépoſitai-
re deſdits titres et effets, afin de leur faire la remiſe d'iceux, l'avoir antidattée
du 18 May 1695, et fabriqué et antidatté une Sentence du 28 du même mois et
an, qui condamne ledit Colombier de remettre auſdits heritiers leſdits titres et
effets, quoiqu'ils les euſſent en leur poſſeſſion et que ledit Merelle leur en eût
fait faire la remiſe dés le 2 Avril precedent de la même année 1695, prés de deux
mois auparavant l'antidatte de ladite fauſſe Sentence, d'avoir par ſes ſuggeſtions,
provocations, entremiſes & mauvais conſeils fait diſſiper, déprader & divertir
leſdits effets, par leſdits heritiers, les leur avoir fait changer de nature, rendre
les titres de creance aux debiteurs & d'avoir receu d'iceux des preſens & Pots-
de-vin, pour les indeuës & exorbitantes remiſes, qu'il leur auroit fait faire par
leſdits heritiers ſur leur dû à ladite Communauté, favoriſé l'abſence & fuite
deſdits heritiers; ce faiſant, qu'il fut condamné avec leſdits heritiers & Colombier ſolidairement & par corps de payer à ladite Bellebarbe les ſommes contenuës auſdits titres; diſſipez, ſouſtraits, divertis & rendus auſdits debiteurs avec
les intereſts des ſommes principales, portées par iceux & aux dommages & intereſts de ladite Bellebarbe, pour leſquels elle ſe ſeroit reſtrainte à la ſomme
de trente mil liv. et en tous les dépens; ſauf au Subſtitut de Monſieur le Procureur General de prendre telles autres concluſions qu'il aviſeroit bon eſtre,
pour l'intereſt public & pour les peines que les Loix & les Ordonnances ont
impoſées contre les Officiers prévaricateurs.
En neuviéme lieu, que leſdits Merelle et Colombier voyant leſdites demandes indubitables, ils auroient pour en éluder l'adjudication et l'effet fait offrir
à ladite Bellebarbe et Loubet par leſdits heritiers de leur tenir compte de toutes

tes les fommes que ledit feu de Jouy et eux pouvoient avoir receuës des effets
de ladite Communauté et de ceux recellez, qui n'avoient pas efté inventoriez
par ledit premier inventaire fait en 1686, aprés le decez de ladite Anne Boyard,
et qui font de dattes anterieurs à icelui, ou de les rapporter tous en nature. Defquelles offres ladite Sentence du 22 Aouft 1697, auroit donné Lettres à ladite
Bellebarbe et Loubet, et condamne lefdits heritiers de leur rendre compte des
effets de ladite Communauté, d'y rapporter tous les titres, papiers et enfeignemens dont ils ont efté chargez, compris aufdits inventaires faits en 1686, aprés
le decez de ladite Boyard, et en 1694, aprés celui dudit de Jouy, lequel compte
et reprefentation de tous lefdits titres et pieces ; lefdits heritiers feroient tenus
de faire et rendre dans un mois du jour de la fignification de ladite Sentence
pour ladite reprefentation defdits titres et pieces faites, et ledit compte rendu
eftre fait droit fur les demandes de ladite Bellebarbe et Loubet, contre lefdits
Colombier et Merelle, afin de demeurer refponfables de tous les titres et effets
defdites fucceffions qui ne feroient pas rapportez, et lefdits heritiers condamnez
en la moitié des dépens, l'autre refervée ; et ainfi lefdits heritiers n'ayant pas fatisfait à leurs offres, ni rapporté lefdits titres fuivant qu'ils y demeurent condamnez ; la conclufion fenfible et conforme à l'équité eft que lefdits jugez n'ont
pû ni dû fe difpenfer d'ajuger à ladite Bellebarbe et Loubet les fins et conclufions de leurdite Requefte, avec dommages et interefts et en tous les dépens ,
tant ceux refervez par ladite Sentence du 22 Aouft 1697, et ceux compenfez par
celle dont il s'agit dudit compte du 10 Mars 1704.

Par toutes ces raifons ladite Bellebarbe et Loubet efperent de l'équité et juftice ordinaire de la Cour que toutes les demandes , fins et conclufions par eux
prifes dans lefdites Inftances, leur feront adjugées avec tous dommages, interefts
et dépens.

Monfieur DE LESSEVILLE Confeiller , Rapporteur.

Me M. GUERIN, Avocat.

DEPERTHES.   FIZEAU, Pr.

www.ingramcontent.com/pod-product-compliance
Lightning Source LLC
Chambersburg PA
CBHW070830210326
41520CB00011B/2191